대통령과 스포츠

대통령과 스포츠

기영노 지음

시간의 물레

머리말

농구와 오바마, 격투기와 푸틴, 축구와 시진핑 이들의 연관성은 무엇일까?

세계의 지도자들이 그동안 스포츠를 어떻게 이용하고, 또 활용을 했을까? 오늘날의 스포츠, 즉 국제경기나 빅게임에 온 국민이 열광하는 것은 단순히 선수나 팀끼리의 승패에 있는 것이 아니다.

선수를 통해 국민 각자가 선수나 팀 하나하나를 자신의 분신으로 보는 정신적인 유대감이 형성되어 있기 때문이다.

오바마는 정치적인 스트레스를 농구로 풀고, 푸틴은 웨이트 트레이닝으로 단련된 복근을 보여줌으로써 강력한 카리스마로 대중을 사로잡으려 한다. 또한 '축구광'인 시진핑은 자신이 지도자로 있을 때 중국의 축구를 세계정상권에 올려놓으려 한다.

또한 만델라, 룰라 등은 스포츠를 선용(善用)해 국민 화합을 이뤄냈고, 반면 히틀러와 모부투 그리고 전두환 등은 스포츠를 정치에 악용(惡用)한 대표적인 지도자 들이다.

 이렇듯 각국의 지도자들이 스포츠를 이용 또는 활용하는 것 또한 정치를 하려는 목적에서 이뤄진 행위다.

 스포츠는 칼과 같아서 잘 활용하면 국민의 대통합에 기여를 하게 되지만, 나쁘게 이용하면 국민에게 고통을 준다는 것을 우리는 역사에서 배웠다.

 '대통령과 스포츠'는 현역 또는 역대 대통령들과 스포츠의 연관 관계를 적나라하게 풀어내고 있다.

저자 기영노

차례

머리말 / 4

♛ 유럽의 정상들 ·········· 11

온 몸이 무기인 블라디미르 푸틴 / 12
베를루스코니의 엄청난 태클에 부상당한 토니 블레어 / 22
이탈리아 명문 프로축구팀 AC 밀란 구단주 베를루스코니 / 29
족집게 예언가 조반니 그롱키 / 31
황선홍·유상철에 원투 펀치 얻어맞은 폴란드 대통령 / 35
월드컵을 체제 선전에 이용한 무솔리니 / 42
올림픽을 전쟁에 이용한 아돌프 히틀러 / 51
논문조작으로 대통령직에서 물러난 금메달리스트 팔 슈미트 / 60
라커룸에서 파이팅 외친 앙겔라 메르켈 / 63
독일을 사회스포츠 천국으로 만든 아데나워 / 66
올림픽을 위협한 테러리스트에 굴복하지 않은 골다 메이어 / 69
유럽의 황제들과 고대 올림픽 / 72

♛ 남미의 정상들 ·················· 77
축구팬들을 위해서 '축구팬 법'을 만든 룰라 / 78
월드컵 우승 직후, 셔츠바람으로 삼바 춤을 춘 메디치 / 83
각하 명령, 수단 방법 가리지 않고 월드컵 우승해야 / 89
베네수엘라의 좌완 투수 우고 차베스 / 97

♟ 북중미 정상들 ·················· 101
오바마에게 맥주 한 박스 딴 스티븐 하퍼 / 102
카리브 해의 야구 광 피델 카스트로 / 108
월드컵 축구로 인해 전쟁을 벌인 두 대통령 / 117
나의 노벨상 수상보다 월드컵 진출이 더 기쁘다 / 120

♝ 아프리카의 정상들 ·················· 127
말 안 듣는 장관 링 위로 끌어올려 난타한 이디 아민 / 128
월드컵 축구를 정적 제거용으로 이용한 모부투 대통령 / 133
아프리카에 월드컵을 처음 유치한 만델라 / 139
'킬리만자로의 흑표범'을 잡아낸 설리프 라이베리아 대통령 / 143

🏛 아시아 오세아니아주의 정상들 ·················· 147

축구 해설가 뺨치는 축구 마니아 시진핑 / 148
90살이 넘어서도 밤새 월드컵 지켜본 등소평 / 153
서남아시아의 '스포츠 광' 모하메드 레자 팔레비 / 156
농구 한 경기에 73점을 넣은 캄보디아 국왕 시아누크 / 159
베를루스코니 총리 '싱크로 율' 90퍼센트의 탁신 총리 / 162
WBC 대회에 목매는 아베 신조 총리 / 165
럭비와 축구 사이에 고민하는 줄리아 길러드 총리 / 168
여성도 재미있는 축구 경기를 관람할 자격이 있다 / 171
동무! 금메달 따면 내래 다해 주갔시오 / 175

♟ 미국의 정상들 ················· 185
농구 아이큐 150의 버락 오바마 / 186
골프에서 10달러 내기에 목숨 건 케네디 / 194
야구 얘기라면 자다가도 벌떡 일어나는 부시 / 197
진주만 습격 때도 메이저리그를 속행시킨 루즈벨트 / 202
복서 출신의 시어도어 루즈벨트 / 209
골프 명예의 전당에 헌액 된 아이젠하워 / 212
만능 스포츠 맨 존 애덤스 / 218
야구중계 아나운서 출신의 로럴드 레이건 / 220
매일 아침 달리는 지미 카터 / 223
프로팀 제의를 거절하고 로스쿨에 진학을 한 제럴드 포드 / 227

🏵 대한민국의 정상들 ················· 231
매일 아침 요가로 건강을 챙기는 박근혜 / 232
야구장에서 부인과 공개 키스한 이명박 / 236
이래 뵈도 제가 야구학교 나오지 않았습니까? - 노무현 / 240
북한 미녀 여성 응원단을 받아준 김대중 / 243
골프계의 암흑시대 연 김영삼 / 246
100m를 11초대에 주파한 노태우 / 249
검붉은 피를 스포츠로 순화시키려한 전두환 / 252
엘리트 스포츠 기반을 다진 박정희 / 260
영국 유학시절 테니스를 즐겼던 윤보선 / 269
야구는 '뭉치면 살고 흩어지면 죽는 스포츠에요' - 이승만 / 271

온 몸이 무기인 블라디미르 푸틴

- 유럽의 정상들

온 몸이 무기인 블라디미르 푸틴

와-- 와-- 짝! 짝! 짝!

2007년 7월 7일 과테말라에서 러시아로 향하는 비행기 안은 갑자기 환호성으로 가득 찼다.

러시아가 평창에 역전승을 거두고 2014년 소치 동계올림픽 유치에 성공했다는 소식이 전해졌기 때문이다.

비행기에 탑승하고 있던 블라디미르 푸틴 러시아 대통령을 비롯해서 수행원들은 축배를 들며 소치 동계올림픽의 성공적인 유치를 만끽했다.

소치는 재수에 나선 평창에 크게 밀리고 있었다.

평창은 지난 2003년, 캐나다 밴쿠버에 2010년 동계올림픽 유치전에서 역전패를 당한 후, 2005년 3월, 일치감치 2014 동계올림픽 유치전에 나섰다.

당시 국제올림픽위원회(IOC), 위원이던 이건희, 박용성 위원을 투톱으로 전 세계 거의 모든 IOC 위원을 저

인망식으로 훑으면서 득표 활동을 벌였다. 그리고 삼성, 현대, 기아자동차, SK, LG 등 재계도 발 벗고 나섰고, 전 IOC 부위원장 김운용 씨도 보이지 않게 득표활동을 벌였다.

평가보고서도 평창이 16개 분야에서 고르게 점수를 받아서 뉴욕 타임스, 영국의 도박회사 윌리엄 힐 등도 평창이 소치와 잘츠부르크를 누르고 재수에 성공할 것으로 전망을 했다. 막바지에는 노무현 대통령도 현지에 날아와 눈코 뜰 새 없이 바쁘게 돌아다니면서 치열하게 득표 활동을 했다.

그러나 막상 뚜껑을 열어 보았더니 박빙의 승부였다.

1차 투표에서는 평창이 36, 소치가 34 그리고 잘츠부르크가 25를 얻어 과반수를 얻은 도시가 나오지 않아서 평창과 소치가 2차 결선 투표를 했다. 그러나 결선투표에서 소치가 무려 17표를 더 얻은 데 비해 평창은 겨우 11표만 더 얻는 바람에 51대 47, 4표 차이로 평창이 소치에게 역전패 당하고 말았다.

러시아(소치), 대한민국(평창), 오스트리아(잘츠부르크) 3개국이 총력전을 편 2014 동계올림픽 유치전에서 러시아가 평창에 역전승을 거두자 AFP, 로이터 등은 '푸틴의 승리'라고 타이틀을 달았다.

소치 유치단의 주장 격이었던 푸틴은 프레젠테이션에서 러시아어 대신 영어·프랑스·스페인어를 섞어가면서 연설을 해서 IOC 위원들을 깜짝 놀라게 했고, 시종일관 박진감 넘치는 연설로 현지 분위기를 압도했다. 또한 소치는 경기장 기초공사도 하지 않은 불리한 상황임에도, 푸틴을 중심으로 매끄러운 홍보활동으로 커버했다.

평창이 500억을 쓴 반면, 소치는 무려 750억 원을 쏟아 붓는 등의 물량작전을 폈다는 뒷얘기도 있지만, 아무튼 소치 동계올림픽은 '푸틴 올림픽'이라고 해도 좋을 정도로 푸틴의 연설과 그의 카리스마가 결정적인 역할을 했다. 그러나 IOC 위원들은 프레젠테이션, 연설 같은 것에 표심이 흔들릴 정도로 순진하지가 않다.

모두 그런 것은 아니지만 대부분 '기브 앤 테이크'를 원한다. '오는 정이 있어야 가는 정이 있다'는 논리다. 한 표를 찍어주는 대신 대가를 원하는 것이다. 그 한 표 한 표가 올림픽 개최국이 되느냐, 아니면 들러리 국가가 되느냐, 어떻게 보면 국격이 달라지기 때문에 올림픽을 유치하려는 국가들은 총력전을 펴게 마련이다.

결국 소치 올림픽은 푸틴의 올림픽이 아니라 '쩐의 올림픽'이었다.

러시아는 이미 '2002 솔트레이크 동계올림픽 사건'으로 국제스포츠 계에서 낙인이 찍힌 상태였다.

러시아의 페어 선수인 엘레나 베레즈나야와 앤톤 시카룰리저는 경기 중 치명적인 실수를 저질렀다. 반면 경쟁자였던 캐나다의 재미 세일과 데이비드 펠레티어 조는 별다른 실수 없이 완벽하게 경기를 마쳤다. 거의 모든 관중들은 캐나다 선수의 승리를 예측했지만 결과는 러시아 팀의 승리였다. 5명의 심판이 러시아에 우세를 준 반면 캐나다 팀에게 우세를 준 심판은 4명뿐이었다.

심판 판정에 대해 캐나다와 미국 언론들은 거세게 항의를 했고, 다음날 프랑스인 심판은 자신이 러시아 팀에 매수됐다고 양심선언을 하게 된다.

프랑스가 러시아 팀에게 1등 점수를 주면, 러시아도 프랑스 팀에게 1등 점수를 주기로 했다. 결국 IOC는 프랑스 심판의 점수를 취소처리하고 캐나다 팀에 대해서도 금메달을 공동 수여했었다. 억울하게 공동 금메달을 차지한 캐나다의 재미 세일, 데이비드 펠레티어 조는

2010년 7월 25일 일산 킨텍스에서 있었던 '김연아의 아이스 쇼'에 참가해서 꿈같은 연기로 한국 팬들을 사로잡기도 했다.

아무튼 솔트레이크 시티 동계올림픽에서 러시아가 심판을 매수한 사건은 그동안 소문으로만 떠돌던 '피겨스케이팅이나 리듬체조 같은 판정이 애매한 종목에서 러시아가 올림픽 금메달을 돈으로 사 왔다는 명백한 증거가 드러난 것'이다.

푸틴은 투표권이 있는 IOC 위원들에게 일일이 로비를 했다.

평창, 잘츠부르크 또는 소치의 고정표는 제외하고 아직 표심을 정하지 못한 부동표를 대상으로 물량공세를 편 것이다. 물론 푸틴이 과테말라에 도착하기 전 소치 올림픽 유치단이 IOC 위원들의 성향을 세밀히 분석해 놓았었다.

그는 포섭 대상 IOC 위원들의 장단점이 들어있는 자료를 면밀하게 분석한 후 각개격파를 해 나갔다. 그렇다고 눈에 띄게 사과박스가 오가지는 않았다.

IOC 위원들은 대개 대기업의 오너이거나 억만장자 또는 정치인들이다. 사업하는 사람에게는 막대한 사업

이익을 올릴 수 있는 수익사업, 억만장자에게는 그가 가장 좋아하는 선물, 정치인에게는 훗날을 약속하는 등의 '눈에 보이지 않는' 뒷거래를 한다.

그의 스포츠 정책은 '국내적으로는 애국적인 단결, 국제적으로는 러시아 영광의 재현'이라는 그럴 듯한 두 가지 목표를 내세우고 있다.

푸틴은 레슬링이 2020 하계올림픽 정식종목에서 탈락하자 나라 이름을 걸고 레슬링 살리기에 나서라고 말하기도 했다. 러시아는 레슬링에서 가장 많은 메달을 따고 있다.

러시아는 2008 유럽축구선수권대회에서 거스 히딩크라는 세계적인 축구명장을 내세워 4강에 올랐고, 러시아 국가대표 아이스하키 팀은 2008 세계아이스하키 선수권대회에서 캐나다를 누르고 15년 만에 감격적인 우승을 차지했다. 같은 해 유럽축구연맹컵(UEFA) 대회에서는 제니트 클럽이 우승을 차지했다. 그리고 러시아 석유재벌 아브라히모비치가 잉글랜드 빅 클럽 첼시를 사들인 것도 빼 놓을 수가 없다. 아브라히모비치가 푸틴과의 관계를 의식해서 축구에 천문학적인 투자를 하고 있는 것이다.

러시아는 소치 동계올림픽에서 종합 1위를 노리고 있다. 쇼트트랙 스피드스케이팅에서 한국의 안현수를 국적을 바꿔가면서까지 데려간 것도 소치올림픽에서 종합 1위를 차지하려는 의도 때문이다.

러시아는 2016 리우데자네이루 하계올림픽에는 미국과 중국에 역전승을 노리고 있다. 역전의 명수 푸틴이 있기 때문에 전혀 불가능한 것만은 아니다. 러시아의 전신인 구소련은 지난 1980년 모스크바올림픽에서 무려 80개의 금메달로 종합 1위를 차지해 세계스포츠계를 깜짝 놀라게 했다. 수단과 방법을 가리지 않고 금메달을 쓸어 담은 것이다.

미국이 구소련을 의식해 1984년 LA올림픽에서 같은 방법으로 금메달을 휩쓸어 구소련보다 3개 더 많은 83개의 금메달로 종합 1위를 했지만, 종합 1위 메달 수는 미국이 174개(금메달 83, 은메달 61, 동메달 30)인 반면 구소련은 195개(금메달 80, 은메달 69, 동메달 46)로 구소련이 21개나 더 많다.

이 같이 스포츠는 푸틴이 내세우는 '강한 러시아'를 부활시키는 매개체인 셈이다.

2012년 6월 21일 러시아 제2도시 상트페테르부르크의 레도보이 드보레츠(얼음궁전)에서 한 때 '60억분의 1의 사나이'라고 불리던 러시아의 '격투기 황제' 예멜리아넨코 표도르(당시 36살)가 은퇴경기를 치렀다.

현장에는 블라디미르 푸틴 대통령이 만사를 제쳐 놓고 달려와 '60억분의 1의 사나이'의 마지막 경기를 지켜봤다.

그는 유도선수 출신이자 무술 애호가다. 22살 때 구소련 유도대회에서 우승했고, 러시아 격투기인 삼보의 대학챔피언 타이틀도 가지고 있다.

2002년 일본 방문 때는 예고 없이 유도장을 찾아 즉석 대련을 펼쳤고, 당시 무려 203연승에 빛나는 '일본 유도의 전설' 야마시타 야스히로를 식사에 초대하기도 했다.

2006년 중국을 방문했을 때는 '무술 도량'으로 유명한 소림사에 들러 화제가 되기도 했다.

푸틴이 지난 10년 가까이 러시아를 대표해서 세계 격투기 계를 석권해 온 표도르의 마지막 경기를 지켜보는 것은 너무도 당연했다. 푸틴은 평소에도 표도르의 팬임을 자처했고, 표도르도 푸틴을 존경했다.

표도르는 은퇴경기인 'M-1 글로벌'에서 브라질의 페드로 히조를 1라운드 1분 24초만에 전광석화 같은 카운터 펀치로 KO로 제압해 피날레를 멋지게 장식했다.

표도르의 마지막 경기가 끝난 후 사회자가 "떠나지 말라"며 관중의 마음을 전했지만 표도르는 '신의 뜻'이라는 말을 남기고 링을 내려왔다.

이어 언론과의 인터뷰에서 "때가 왔다. 링을 떠난다."고 말했다. 그의 은퇴 결정엔 두 딸이 있는 가정이 큰 영향을 끼쳤다.

링 바로 앞에서 표도르의 마지막 경기를 지켜 본 푸틴은 경기가 끝나자 링 위로 올라섰다.

그는 "당신 때문에 격투기가 러시아에서 이렇게 인기가 높아졌다"며 "진심으로 고맙게 생각하고 축하한다."고 치하했다. 표도르는 푸틴 대통령이 격투기를 지원해 준 것에 감사의 뜻을 표했다.

푸틴은 전 세계 200여 명의 대통령(수상, 왕, 총리 포함) 가운데 가장 무술이 뛰어나다. 아마 대통령들의 격투기 대회가 있다면 우승후보 영순위일 것이다.

2012년 10월 11일 국제유도연맹(IJF)은 홈페이지에 "지난 10월 7일 60회 생일을 맞은 푸틴 대통령에게 유도 8단을 수여하게 돼 큰 영광"이라고 밝혔다.

그는 14살 때부터 러시아 전통 무술인 '삼보'에 심취했었고, 유도로 종목을 바꾼 뒤 4년 만인 18살 때 검은 띠를 땄고 고향 레닌그라드(현 상트페테르부르크)대회에서 우승하는 등 천부적인 유도 실력을 보였었다.

그는 22살 때 옛 소련 유도대회에서 우승했고, 러시아 격투기인 삼보 대학챔피언 타이틀도 가지고 있다.

그는 대통령이 되고 나서도 유도사랑을 계속하고 있다.

유도 교본과 DVD를 만들었고, 언론에 자신이 유도훈련 하는 모습을 공개하기도 했다. 2012 런던올림픽 때는 유도 결승 시간에 맞춰 런던을 방문하는 용의주도한 모습을 보여주기도 했다.

마리우스 비제르 IJF회장은 "푸틴 대통령이 IJF 명예회장으로 완벽하게 유도 홍보대사 역할을 하면서 유도의 가치를 한 단계 높이는데 결정적인 역할을 하고 있다"면서 만족해하고 있다.

푸틴은 나이가 60줄에 들어섰는데도 불구하고 가끔 대중들에게 웃통을 벗은 모습을 보여주곤 한다.

구리 빛 피부에 굴곡 있는 복근은 40대라 해도 믿을 정도이고, 웃통을 벗은 채 말을 탄 모습은 야생마 같기도 하다.

베를루스코니의 엄청난 태클에 부상당한 토니 블레어

    2012 하계올림픽은 역사상 가장 치열했던 유치경쟁을 벌였다.

    2005년 7월 6일 117차 싱가포르 IOC 총회에서 있었던 2012 하계올림픽 유치전에는 영국의 런던, 프랑스의 파리, 러시아의 모스크바, 스페인의 마드리드 그리고 미국의 뉴욕 등 전 세계 내로라하는 도시들이 한 치도 양보할 수 없는 유치전을 벌였다.

    영국은 토니 블레어 총리가 2박 3일간 싱가포르에 머무르며 런던 올림픽 유치단을 격려하며 각국의 IOC 위원들을 만나며 득표활동을 했다.

    프랑스도 자크 시라크 대통령과 프랑스 육상 스타 마리 제섹 페렉이 유치전을 벌였고, 미국은 힐러리 클린턴 뉴욕주 상원의원과 파킨스병을 앓고 있는 전설의 복싱 스타 무하마드 알리까지 동원되었다.

　스페인은 소피아 왕비와 축구 선수 라울 곤살레스가 나섰고, 러시아는 블라디미르 푸틴 대통령이 비디오 연설로 모스크바올림픽 유치의 당위성을 설명했다.

　당시 비드 인덱스에 따르면 프랑스 파리가 66.18로 1위, 런던이 65.07로 2위 그 뒤를 마드리드, 뉴욕, 모스크바가 따르고 있어서 파리의 유치가 매우 유력했었다.

　또한 올림픽 평가위원회의 평점도 파리가 가장 앞서 있어서 이변이 일어나지 않는 한 2012 하계올림픽은 파리에서 열리는 것이 기정사실화 되었다.

　IOC 위원들 97명의 1차 투표 결과는 마치 짜인 각본처럼 나왔다.

　런던이 22표, 파리가 런던보다 1표 모자란 21표, 마드리드는 파리에 1표 뒤진 20표, 뉴욕도 마드리드에 1표 떨어진 19표, 그리고 2014년 소치 동계올림픽에 전력을 기우리던 소련의 모스크바가 4개 도시보다 약간 뒤진 15표에 머무르면서 탈락하고 말았다. IOC의 올림픽 개최권 투표는 아무리 많은 도시가 후보로 나와도 최하위 득표 한 도시만 탈락하도록 되어 있었다.

　2차 투표에서도 1차 투표 못지않게 드라마틱했다. 2

차에서는 뉴욕, 3차에서 마드리드가 탈락되고 파리와 런던이 4차 투표까지 가는 혈투를 벌인 끝에 런던이 파리에 54대 50, 4표차로 이겨 2012년 올림픽 개최권을 가져갔다.

당시 영국은 수상 토니 블레어가 올림픽 유치에 나설 때부터 투표가 이뤄질 때까지 시종일관 침착하게 IOC 위원들을 설득해 나갔다.

토니 블레어는 "런던은 1908년에는 준비가 안 된 상태에서 그야말로 얼떨결에 올림픽을 치렀고, 1948년에는 2차 세계대전 이후 전란을 극복하느라고 올림픽 준비에만 총력전을 펴기 어려워서 만족할 만한 준비를 하지 못했었다. 그러나 이번에는 다르다. 만약 런던이 올림픽을 열게 된다면 올림픽 역사상 가장 완벽한 올림픽이 되도록 하겠다."며 IOC 위원들을 설득했다.

그러나 프랑스 자크 시라크 대통령은 외교무대에서 결정적인 실언이 올림픽 유치 실패까지 이어진 것으로 분석을 했었다.

싱가포르 IOC 총회가 열리기 3일전, 7월 3일 러시아의 칼리닌 그라드에서 열린 러시아 푸틴과 프랑스 자크 시라트 간의 정상회담 도중 시라크 대통령은 역시 2012

하계올림픽 유치전을 벌이고 있는 푸틴 대통령에게 "음식 맛이 형편없는 나라 사람들은 믿을 수가 없다.

핀란드를 제외하고는 영국이 유럽에서 가장 음식 맛이 없는 나라"라고 말한 것이 화근이 되었다.

자크 시라크는 음식을 소재로 조크를 한 셈이지만, 그 말은 핀란드를 자극했다. 영국 언론들은 기다렸다는 듯이 신문 방송에서 일제히 자크 시라크의 발언을 여과 없이 보도했다. 각 신문들은 사설에서까지 자크 시라크의 망언을 신랄하게 비판했다.

한 신문은 "도매금으로 넘어간 핀란드가 하계올림픽 개최를 위한 투표에서 본때를 보여줘야 한다."고 부추기기도 했다. 그런데 결과적으로 핀란드 IOC 위원의 2표가 런던과 파리를 승자와 패자로 만든 것처럼 되었다.

2012 하계올림픽 개최지를 결정하는 IOC 위원 투표에서 런던과 파리는 피 말리는 접전 끝에 4차 투표에서 54대 50 4표 차로 결정되었는데, 당시 싱가포르 현지에서는 핀란드 IOC 위원 2명이 런던을 찍었기 때문에 승패가 갈라졌다는 소문이 나돌았었다.

2012 런던올림픽은 환경올림픽, 경제올림픽을 표방하면서 성공적으로 개최되었다는 평가를 받았다.

영국은 종합 성적에서도 미국과 중국에 이어 3위를 차지했고, 런던의 아름다움을 전 세계에 알리는 성과를 거두기도 했다.

토니 블레어 총리에게는 축구로 인한 에피소드가 많다. 지난 2004년 8월 베를루스코니 총리가 휴가를 맞아 토니 블레어 총리를 자신의 별장에 초청하여 친선 축구 경기를 하다가 토니 블레어 총리가 슬라이딩을 하면서 과격하게 베를루스코니 총리의 왼쪽 무릎을 걷어찼고, 왼쪽 무릎에 엄청난 충격을 받은 베를루스코니 총리가 뒤로 나자빠졌고, 비서들의 부축을 받으며 축구장을 빠져 나와야 했다.

베를루스코니 총리는 곧바로 병원으로 후송되어 자기공명영상(MRI) 촬영 등 간단한 검사만을 받았다. 이것은 비밀에 부쳐졌지만, 통증이 계속되자 8월 26일 정밀검진을 받기 위해 올비아병원을 찾았다가 부상당한 사실이 외부에 알려지게 되었다.

당시 베를루스코니는 의료진에게 "영국의 토니 블레어 총리와 축구를 하다가 그가 내 왼쪽 무릎을 차는 바람에 다쳤다. 하지만 원래 내 왼쪽 무릎에 약간의 문제가 있었다."고 말했다.

토니 블레어 총리의 축구사랑은 월드컵에서도 이어졌다. 그는 2006년 독일월드컵에 출전한 잉글랜드 축구 대표팀이 우승을 차지하면 크라우치 춤을 추겠다고 말했다.

크라우치는 영국의 프로축구 선수 이름이다. 축구선수로는 장신인 키가 1m98cm나 되고 장신을 이용한 헤딩 슛 뿐만 아니라 발 재간도 뛰어나 많은 골을 터트리는 공격수다. 당시 리버풀 소속이던 크라우치 선수가 2005~2006 잉글랜드 프리미어리그 경기에서 득점을 한 후 긴 양 팔을 직각으로 굽힌 뒤 위아래로 흔드는 동작에 미국 가수 마이클 잭슨의 '문 워킹'과 비슷한 하체 동작을 가미한 '로봇 춤' 세리머니를 해서 팬들의 관심을 모았었는데, 그 세리머니를 총리 관저에서 밤새도록 따라 하겠다는 것이다.

블레어 총리는 독일의 일간지 빌트와의 인터뷰에서는 "이번 독일 월드컵은 독일과 잉글랜드가 결승전을 벌일 것이다. 그러나 개최국 우승의 전통이 이어지지 않을 것이다."라고 말해 잉글랜드의 우승을 예상했다.

2006 독일월드컵에서 잉글랜드는 스웨덴, 파라과이, 트리니다드 토바고와 치른 B조 예선을 1위로 통과했고,

에콰도르와의 16강전에서도 1대 0으로 이겨서 블레어 총리의 예상이 맞아 들어가는 듯했다.

그러나 잉글랜드는 포르투갈과의 8강전에서 120분 동안의 혈투 끝에 0대 0 무승부를 이룬 뒤, 승부차기에서 1대 3으로 패하여 블레어 총리의 크라우치 세리머니를 볼 수가 없었다.

그가 잉글랜드와 결승전을 벌일 것으로 예상했던 개최국 독일은 준결승전에서 이탈리아에 0대 2로 패했고, 이탈리아와 프랑스가 결승전을 치러 이탈리아가 프랑스를 승부차기에서 5대 3으로 이겨 월드컵 통산 4번째 우승을 차지했다.

이탈리아 명문 프로축구팀
AC밀란 구단주 베를루스코니

　실비오 베를루스코니 이탈리아 총리는 버락 오바마 미국 대통령을 향해 '젊고 건강하며 햇볕에 그을렸다.'고 말했으며, 총리 재임 중에도 수차례 미성년자 섹스 스캔들을 일으켰으며, 세 번이나 결혼을 했다.
　막말과 무례한 행동의 대명사 이탈리아 실비오 베를루스코니 총리는 이탈리아 명문 축구팀의 구단주이자 세계적인 재벌이다. 그는 1994~1995년, 2001~2006년, 2008~2011년 등 모두 세 차례 총리를 지내 이탈리아에서 2차 대전 이후 최장 집권 총리로 평가받는다. 그는 또 유명한 프로축구팀 AC 밀란의 구단주이자 미디어그룹 미디어세트의 오너인 재벌이기도 하다. 한 때 미국의 경제주간지 포브스는 베를루스코니가 59억 달러의 재산을 보유한 세계 169위의 부자라고 보도하기도 했다. 그가 보유한 AC 밀란은 세리에 A 라고 불리는 이탈리아 프로축구팀 가운데서도 유벤투스, 인터 밀란과 함께 '3대 명문팀'으로 불리고 있다.

AC 밀란은 1899년에 창단 되어 세리 A리그와 유럽 챔피언스리그에서도 단골 우승 팀이다. AC 밀란과 인터 밀란의 '밀란 더비'는 잉글랜드 프리미어리그의 맨체스터 유나이티드와 맨체스터 시티, 스페인 프라메라리그의 FC 바르셀로나와 레알 마드리드 등과 함께 세계적인 더비매치 또는 라이벌 전으로 잘 알려져 있다. 이탈리아가 낳은 세계적인 축구 선수 파울로 말디니, 우쿠라이나의 전설 안드레이 세브첸코, 브라질의 히바우드 등이 속해 있었다.

AC 밀란은 베를루스코니의 정치적인 지지기반이기도 했다. 1986년 재정적으로 어려움을 겪던 구단을 인수해서 구단운영에 막대한 자금을 투자해서 세계적인 선수들을 영입했고, 팀 성적이 오르면서 자신의 지지율도 끌어 올렸다. 특히 1990년대 파비오 카멜로 감독을 영입하면서 세계적인 명문구단으로 자리매김 했다.

2000년대 들어서는 카를로 안제로티 감독의 지휘 아래 유럽축구 챔피언스리그에서 두 차례 정상에 올랐다.

족집게 예언가 조반니 그롱키

 1960년 8월 25일 제17회 로마올림픽 메인스타디움에서는 개막식이 벌어지고 있었다.
 로열박스에는 당시 국제올림픽위원회 IOC 위원장 브런디지가 개최국 이탈리아 조반니 그롱키 대통령과 귀엣말을 나누고 있었다.
 마침 메인스타디움에는 베토벤의 제9교향곡 '환희의 노래'가 울려 퍼지는 가운데 동독과 서독으로 나뉜 두 나라가 게르만민족으로 하나 되어 행진을 하고 있었다.
 "대통령 각하! 정치적으로는 불가능한 일도 올림픽에서는 가능합니다. 왜냐하면 올림픽에 참가하는 것은 선수 개인이지 국가가 아니기 때문입니다."
 "오호! 그래요······."
 "지금 행진을 하고 있는 동독과 서독 두 나라로 갈라섰지만, 이렇게 하나가 될 수 있는 것도 올림픽이기 때문에 가능한 겁니다. 올림픽은 순수한 스포츠의 세계입니다."

"독일이 큰일을 해 냈군요."

"네 맞습니다. 독일의 스포츠 지도자들이 이와 같이 올림픽의 이상을 충실히 지켰다는 것은 앞으로 올림픽 역사에 길이 남을 겁니다."

"위원장님!"

"네."

"그런데 동, 서독 선수들의 표정이 그다지 밝지 않습니다. 마치 하기 싫은 일을 억지로 하는 것 같은 표정인데요."

"아! 그건 동, 서독 선수들이 올림픽이라는 거대한 이벤트를 앞두고 긴장을 해서 그런 걸 겁니다."

그로부터 8년 후, 1968년 멕시코 올림픽에서, 60년 로마올림픽에서 조반니 그롱키 대통령이 느꼈듯이 동독과 서독은 언제 그랬냐는 듯이 다시 동독과 서독으로 나뉘어 출전하기 시작했다.

동독과 서독이 다시 독일이라는 이름으로 올림픽에 출전하시 시작한 것은 1990년 재통일 된 이후였다.

조반니 그롱키는 스포츠에 관해 문외한이면서도 그

가 예상하는 것이 잘 들어맞아 '족집게 대통령'이라고 불렸다.

1960년 로마올림픽은 동서 진영이 한창 대립관계에 놓여 있을 때라 동구권을 대표하는 소련과 서구권의 리더 미국의 올림픽 종합 1위 다툼이 매우 치열할 때였다.

소련이 1952년 헬싱키 올림픽부터 출전하기 시작한 이후 미국과 소련은 올림픽에서 1승 1패를 이루고 있었다.

1952년 헬싱키 올림픽은 미국이 소련에 40대 22(금메달 기준)으로 일방적으로 이겼지만, 1956년 멜버른 올림픽에서는 소련이 미국에 37대 32로 설욕을 했었다.

이제 1960년 로마올림픽이 엄청난 관심을 모으게 되었다. 그런데 전 세계 대부분의 스포츠 전문가들은 이번에는 미국이 소련을 크게 이길 것으로 예상을 했다. 미국이 멜버른 올림픽에서 소련에게 당한 것은 방심을 했기 때문이고, 로마올림픽에는 만반의 준비를 하고 나올 것으로 예상을 한 것이다.

그런데 그는 공식적으로는 언급을 하지 않았지만, 사석에서 소련의 우세를 예상하곤 했다.

"나는 여러분들과 생각이 달라요. 소련선수들이 육상에서 달리는 것은 약하지만 던지고 뛰어 넘는 건 잘 하잖아요. 또 체조나 역도 같은 종목에서도 잘 하잖아요. 그런데 미국이 잘 하는 것은 독일, 우리나라(이탈리아) 선수들도 잘하기 때문에 미국이 불리할 거예요. 나는 소련이 미국에게 지지 않는다고 봐요."라고 말하곤 했다.

과연 로마올림픽에서 소련은 미국에게 43대 34로 이겨서 2승 1패로 앞서가기 시작했다.

소련이 미국을 꺾은 것은 그동안 미국이 독주를 거듭해 오던 육상에서 11대11(금메달 수)로 대등했기 때문이었다. 소련은 육상의 투척부문을 휩쓸었고, 체조에서도 14개 가운데 9개의 금메달을 가져갔다.

그롱키 대통령은 그 점을 꿰뚫어 본 것이었다.

황선홍·유상철에 원투 펀치
얻어맞은 폴란드 대통령

 크바스니에프스키 폴란드 대통령의 얼굴이 심하게 일그러졌다. 그렇지 않아도 5만4천여 명 붉은 악마들의 광적인 응원에 심기가 불편했던 크바스니에프스키 대통령은 황선홍이 첫 골을 터트리자 노골적으로 불편한 심기를 드러냈다.
 빨간 모자에 응원용 머플러를 목에 건 김대중 대통령은 크바스니에프스키 대통령의 심중은 아랑곳없이 마치 어린아이처럼 좋아했다. 절정의 순간에는 외교도 관례도 소용없었다.
 2002년 6월 4일 한·일 월드컵축구대회 D조 한국과 폴란드의 첫 경기가 벌어진 부산 아시아드 주경기장.
 귀빈석에는 한국의 김대중 대통령과 폴란드의 알렉산더 크바시니에프스키 대통령이 나란히 앉아 있었다.

그는 폴란드 체육부 장관 출신으로 축구광이기도 하다. 1988년 서울올림픽 때 폴란드 올림픽 대표팀을 이끌고 선수단의 단장으로 참가를 했었고, 2002한·일 월드컵에는 폴란드 축구 대표팀에 대통령 전용기를 선뜻 내주기도 했다. 2002한, 일 월드컵을 앞두고 나이지리아의 축구 스타 올리사데베 선수를 폴란드로 귀화시켜 폴란드 월드컵 대표로 출전시키기도 했다.

한국과 폴란드의 경기를 관전하기 위해서 일찌감치 자리를 잡은 관중들은 일본 사이타마 경기장에서 벌어진 H조 첫 경기에서 일본이 벨기에와 2대 2로 비겼다는 소식에 안타까운 반응을 보였다.

사우디아라비아가 6월 1일 삿포로에서 벌어진 E조 경기에서 독일에 0대 8로 참패를 당했고, 조금 전 광주에서 벌어진 C조 경기에서 중국이 코스타리카에 0대 2로 패해 아시아 팀들이 모두 무너진 상태였기 때문이었다.

그러나 거스 히딩크 감독이 이끄는 한국팀은 달랐다. 전반 초에는 다소 수세에 몰렸으나 수비수 홍명보 선수의 중거리 슛을 신호탄으로 적극적인 공세에 나서기 시작했다.

한국은 전반 25분경 이을용이 낮게 센터링 한 공을

황선홍이 90°나 틀어 강하게 발리슛을 때려 첫 골을 성공시켜 김대중 대통령과 크바스니에프스키 대통령의 심기를 천국과 지옥만큼 차이가 나게 했다.

김대중 대통령과 크바스니에프스키 대통령의 심기는 후반 8분경 유상철의 추가골 때 또 한 번 크게 엇갈렸다.

두 대통령은 두 번째 골이 터지자 잠시 침묵을 지키더니 김 대통령이 먼저 말을 꺼냈다.

"이번에도 골키퍼(두데크)가 도저히 막을 수 없는 슈팅이었지요."

"아마 (올리버)칸이라도 못 막았을 걸요."

"……."

그는 학창시절 축구선수를 했었던 축구인 출신답게 당대 최고의 골키퍼 독일의 올리버 칸을 거론했지만 김 대통령은 칸이 누군지 몰라서 대답을 하지 못했다.

폴란드 선수들은 유럽 예선 때와는 달리 제 실력을 발휘하지 못했다. 패스가 번번이 끊겼고, 위치선정과 방향전환도 잘 되지 않았다. 2002년 3월 28일 일본과의 평가전에서 2골을 얻어맞고 허둥대던 모습을 재현했다.

폴란드가 졸전 끝에 한국에 0대 2로 패했는데도 불구하고 경기가 끝나자 크바스니에프스키 대통령은 애써 밝은 표정을 지으며 김 대통령을 축하해 주었다.

"한국축구 대표팀의 경기력도 좋았지만, 붉은색 옷을 입고 일사분란하게 응원하는 한국 관중들 모습에 감명을 받았습니다. 저뿐만이 아니라 폴란드를 응원 왔던 사람들이 모두 한국 팬이 되었을 겁니다. 한국축구가 우승까지 갈 수 있기를 기대합니다."라고 말했다.

폴란드는 한국과의 첫 경기에서 0대 2로 패한 것이 발목을 잡는 바람에 D조 예선에서 1승 2패를 기록, 승점 3점을 땄지만 최하위로 탈락하고 말았다.

그는 항상 폴란드 축구가 유럽축구의 변방에 머물고 있는 것이 안타까웠다.

폴란드 축구는 1974년 서독월드컵 3,4위전에서 브라질을 1대 0으로 꺾고 3위를 차지했고, 1982년 스페인 월드컵 3, 4위 전에서 프랑스를 3대 2로 물리치고 3위를 한 것이 가장 좋은 성적이었다.

크바스니에프스키 대통령은 재선을 포함해서 10년 동안의 대통령임무를 마치고 난 후에도 계속해서 폴란드 축구를 위해서 봉사하고 있다. 그는 폴란드에서는 영웅 대접을 받고 있다.

1995년 대통령 선거에서 폴란드의 2대 대통령이자 노동자들의 영웅이었던 레흐 바웬사를 꺾고 대통령에 당선되었다.

바웬사는 1983년 노동자로는 최초로 노벨평화상을 받았고, 폴란드의 2대 대통령이 된 입지전적인 인물이었었다.

그는 폴란드와 우크라이나와 공동으로 개최했던 'UEFA 유로 2012' 즉 2012 유럽축구선수권대회에서는 'UEFA 유로 2012 친구들'로 선정되어 맹활약을 했었다.

당시 'UEFA 유로 2012 친구들'로 선정된 후 "유로 2012 조직위원회를 도울 수 있어서 나로서는 더없는 영광이다. 유럽축구선수권대회는 세계에서 가장 중대한 스포츠 행사 중의 하나다. 전 세계인들이 약 한 달간 폴란드를 주목하게 된다. 실수가 용납되지 않는다. 철저하게 준비를 해야 한다."고 말했다.

'유로 2012의 친구들'은 2012 유럽축구선수권대회를 공동 개최하는 폴란드와 우크라이나에서 똑같이 100명씩이 선임되었는데, 각각 50명씩은 조직위원회가 선정한 공인이 차지하고 나머지 절반은 나이와 직업을 불문하고 경쟁을 통해 선발되었다.

그는 폴란드의 'UEFA 유로 2012' 성공적인 개최를 위해 마치 자신의 일처럼 동분서주(東奔西走) 했다. 대회를 치를 바르샤바 국립경기장, 스타디온 미에이스키, PGE 아레나 그단스크 경기장을 제집 드나들듯 다니면서 점검을 했고, 폴란드 축구 대표팀 훈련장에도 십여 차례나 방문했다. 대표 선수들을 만날 때는 항상 선물을 한 보따리씩 들고 찾아갔다.

폴란드 언론들도 "크바스니에프스키 전 대통령의 극진한 정성을 봐서라도 UEFA 2012는 성공적으로 개최되어야 한다. 그리고 반드시 폴란드는 결승전에 진출해야 한다."고 쓰기도 했다. 그러나 그의 바람과는 달리 폴란드는 홈에서 개최된 'UEFA 유로 2012'대회에서 예선탈락하고 말았다.

폴란드는 월드컵에서는 두 번이나 3위를 차지했지만, 'UEFA 유로'에서는 2008년 대회 때 처음 본선에 올랐을 정도로 인연이 없었다.

폴란드는 'UEFA 유로 2012' A조 예선에서 그리스 러시아와 각각 1대 1로 비긴 후 8강 진출권이 걸려 있는 체코와의 운명의 조 예선 마지막 경기에서 후반 27분경 이라첵 선수에게 통한의 결승골을 허용, 0대 1로 패하고 말았다.

폴란드는 2무 1패 조 최하위로 8강 진출에 실패했었다.

그는 폴란드가 홈에서 단 1승도 올리지 못하고 패하자 크게 실망했다.

"만약 이번 대회에서 좋은 성적을 올렸다면 폴란드가 월드컵을 유치하는데 탄력을 받았을 것이다. 그러나 모든 것이 수포로 돌아갔다. 그러나 폴란드 축구가 여기서 죽을 수는 없다. 이제부터 새로운 출발이다."라고 말했다.

월드컵을 체제 선전에 이용한 무솔리니

　히틀러와 함께 역사상 가장 잔악한 독재자로 불리는 무솔리니의 원래 이름은 베니토 안드레아 아밀카레 무솔리니다.
　무솔리니는 유럽에서 축구의 인기가 높아지고 있음을 느끼고, 축구를 활용해 대중 조작 및, 노동자들의 정치적 관심 분산을 유도했다.
　무솔리니 정권은 축구 경기를 할 때 선수들에게 반드시 파시스트식 경례를 하도록 의무화했고, 국제 경기에서 승리하면 체제의 승리인 것처럼 선전했다. 그리고 볼로냐에 커다란 축구경기장을 건설했는데, 이는 축구 발전보다는 파시스트들의 영광을 기리기 위해 건설했다는 색채가 강했다.
　그는 교활하게도 월드컵 축구대회까지 자신의 권력을 유지하는 데 이용했었다.

1932년 스톡홀름에서 있었던 국제축구연맹 FIFA 총회에서 2회 월드컵 축구대회를 이탈리아에서 열기로 결정했다.

당시 이탈리아 권력자 무솔리니는 원래 1회 월드컵 축구대회를 이탈리아에서 개최하려고 갖은 방법을 다 동원했었다. 그러나 1회 월드컵 축구대회가 열리는 1930년이 우루과이 독립 100주년이 되는 해이다. 더구나 우루과이축구가 1924년 파리올림픽과 1928년 암스테르담올림픽에서 금메달을 땄기 때문에 축구 강국에서 첫 월드컵을 열어야 한다는 명분에 밀렸다. 그는 1회 월드컵이 시작되기도 전, 1929년부터 2회 월드컵 유치를 기정사실로 보고 주모 면밀한 계획을 짰다.

우선 명장 비토리오 포조 감독에게 앞으로 5년 동안 이탈리아 월드컵축구 대표팀을 조련하라고 지시를 했고, 플로랜스, 제노아, 밀란 등에 4만 명을 수용하는 거대한 경기장을 짓도록 했다.

무솔리니의 지시를 받은 포조 감독과 이탈리아 월드컵 조직위원회는 우승을 위해 갖은 방법을 다 동원했다.

포조 감독은 우선 병역기피를 목적으로 아르헨티나로 이민을 간 선수 가운데, 오른쪽 날개 오르시, 공격수

몬티와 구와이타, 브라질에서는 필로를 회유해서 이탈리아로 복귀시켰다. 당시 무소불위(無所不爲)의 권력을 마구 휘두르던 무솔리니의 전폭적인 지지가 없었다면 불가능한 일이었다.

1934년 2회 이탈리아 월드컵축구대회에서 개최국 이탈리아는 무솔리니가 월드컵에서 좋은 성적을 올려야 파시스트 정권, 즉 파시즘의 우세성을 전 세계에 알릴 수 있다고 보고 월드컵을 유치한 것이기 때문에 반드시 우승을 해야 했다. 그래서 대회 운영이 매끄러울 수가 없었다.

이탈리아 팀이 경기를 치를 때마다 사고가 터졌다. 1934년 5월 31일 벌어진 이탈리아와 스페인의 경기는 한마디로 축구전쟁이나 마찬가지였다.

전반 42분 레구에리로의 선제골로 스페인이 1대 0으로 앞섰다. 그러나 후반 2분경 이탈리아의 페라리가 동점골을 넣어서 1대 1이 되었다.

이후 두 팀은 한 치도 양보하지 않는 대 접전을 벌였으나 더 이상 골이 터지지 않아서 전, 후반 90분을 1대 1로 끝냈다.

이탈리아 스페인 두 팀은 연장전 30분까지 벌였으나

역시 골이 터지지 않았다. 그동안 이탈리아의 피지올로가 다리가 부러져 들려 나가는 등 양 팀에 부상자가 속출했다. 다음날인 6월 1일 두 팀은 월드컵 역사상 처음 재경기를 가졌다. 그러나 스페인의 주전 선수 11명 가운데 주장인 자모라를 비롯해서 무려 7명이나 출전할 수가 없었다. 이탈리아 선수들의 살인적인 태클에 크고 작은 부상을 당한 것이다. 스페인 선수들에게 강한 태클을 하던 이탈리아 선수들 가운데서도 5명이 뛰지 못했다.

사실상 1.5군이 맞붙은 재경기에서 이탈리아가 전반 8분에 터진 메아짜 선수의 결승골로 1대 0으로 이기고 준결승전에 올랐다.

무솔리니는 이탈리아가 이틀 동안에 걸친 혈투 끝에 스페인을 꺾고 준결승전에 오르자 그라운드로 내려와서 선수들을 일일이 격려했다. 그리고 우승을 하면 엄청난 보너스를 주겠다고 약속했다.

무솔리니는 선수들에게 "이제 두 경기만 더 이기면, 우리의 목표는 완성된다. 아주리 군단은 수단과 방법을 가리지 않고 이겨야 한다."고 말했다.

이탈리아 말로 '푸르다'는 뜻의 '아주리'는 이탈리아

팀의 대명사가 되었다. 그날도 무솔리니는 플로랜스 경기장에 청색의 선원 모자에 선원복 차림이었다. 경기를 하는 이탈리아 선수들의 유니폼도 청색 셔츠에 흰 팬츠를 입고 있었다. 마치 약속이나 한 듯 파시즘의 획일성을 여실이 보여주고 있었다.

오로지 우승밖에 모르는 무솔리니 군단 앞에 오스트리아 팀이 기다리고 있었다. 경기에 앞서 무솔리니는 포조 감독에게 귓속말로 잠깐 말을 했고, 포조 감독은 아르헨티나에서 수입한 세 선수들에게 마치 전쟁터에 나가는 군인들에게 하는 듯한 말을 했다.

"너희들은 조국을 위해 죽는 대신 조국을 위해 뛰어라."

이탈리아는 스페인과 8강전에서 재경기를 포함, 이틀 동안 경기를 치렀고, 겨우 이틀밖에 쉬지 못하고 6월 3일 가장 두려운 상대 오스트리아를 만났다. 그런데 경기가 벌어진 밀란 경기장에 비가 내리기 시작했다. 비는 원정팀이자 당시 세계최강팀이었던 오스트리아 선수들에게 마치 저주를 퍼붓듯이 억수처럼 쏟아져 내렸다.

기술이 뛰어난 오스트리아 선수들의 개인기는 진흙탕이 된 그라운드에서 무용지물이 되었고, 유럽 최고의 개인기를 자랑하는 지세크, 신데라르 등은 번번이 그라운드에 나뒹굴어야 했다.

이탈리아는 오스트리아와 준결승전에서 아르헨티나에서 데려온 구와이타 덕을 톡톡히 봤다. 이탈리아 팀의 오른쪽 날개를 맡았었던 구와이타가 전반 19분에 결승 골을 터트린 것이다. 골은 넣지 못했지만 구티와 함께 아르헨티나에서 수입해온 몬티와 오르시도 시종일관 오스트리아 문전을 괴롭혔다. 구와이타 등 아르헨티나에서 온 세 선수가 포조 감독, 아니 무솔리니의 당부를 그대로 실행한 것이다. 그는 경기가 끝나자 구와이타에게 다가가 뜨거운 포옹을 했다. 무솔리니는 오로지 승리밖에 몰랐다. 구와이타가 골을 넣기까지 동료선수들이 기막힌 패스 즉 어시스트가 있었지만, 무솔리니의 눈에는 오로지 구와이타밖에 보이지 않았다. 무솔리니는 구와이타의 손을 맞잡고 하늘 높게 쳐들어 밀란 경기장에 모여든 3만 5천여 관중의 환호를 이끌어 냈다.

이탈리아 전 국토는 절정을 향해 치닫고 있는 월드컵 이야기로 꽃을 피웠고, 무솔리니의 파시스트 정부는 이탈리아 우승을 강력하게 바라게 되었다. 이제 분위기가 달아오를 대로 달아올라서 무솔리니 아주리 군단의 2회 월드컵 우승은 기정사실화 되었고, 준우승은 생각조차 할 수 없게 되었다.

1934년 6월 10일 로마 국립 파시스트당 경기장.(지금의 토리노 경기장) 무려 7만 3천여 명의 대관중이 이탈리아의 월드컵 첫 우승 장면을 자신의 눈으로 직접 지켜보기 위해 모여들었다. 역시 아주리 복장, 즉 청색선원 모자에 흰색 팬츠를 입은 무솔리니 총통은 시종일관 흥분한 표정으로 로열박스에 앉아 있었다. 이탈리아의 결승전 상대 체코슬로바키아도 두 대의 특별열차와 세대의 대형버스를 동원해서 많은 응원단을 급파했다.

결승전 아침, 체코 선수단에는 본국에서 무려 1700여 통의 "건투를 빈다"는 내용의 전보가 타전되었다. 경기가 시작된 후 26분경 체코의 푸치가 이탈리아의 문전을 뚫고 들어가 회심의 선제골을 터트렸다. 무솔리니의 얼굴이 심하게 일그러졌다. 이탈리아 관중들 가운데 일부가 발작을 일으켰다. 그러나 수많은 경비병이 출동해서 스탠드 곳곳에서 관중들의 소동을 막아서 겨우 폭동을 피할 수 있었다.

'조국을 위해 죽어라.' 하는 일부 관중의 외침이 파시스트당 경기장에 메아리 친 후 경기장은 더욱 음산한 분위기를 자아냈다. 만약 체코가 이탈리아를 꺾는다면, 체코선수들은 경기장 밖을 그대로 빠져 나가기 힘들 정도였다. 후반 36분, 그때까지 이탈리아는 체코에 0대 1로 뒤지고 있었고, 남은 시간은 불과 9분이었다. 이탈리아의 왼쪽 날개 오르시가 체코의 페널티에어리어 왼쪽을 파고들더니 오른발로 강하게 슈팅을 날렸다. 이탈리아로서는 기적 같은 동점 골이었다. 경기는 1대 1 무승부로 끝났다. 월드컵 결승전 최초의 연장전이 벌어지게 되었다. 연장 전반 7분경, 체코는 부상으로 다리를 절룩거리는 이탈리아 메아짜가 공을 잡자 그대로 방치했다. 그런데 메아짜가 터치라인을 따라 공을 슬금슬금 몰더니 어느새 체코진영 깊숙이 들어갔다. 그때 포지 감독이 "구와이타를 봐……."라고 소리쳤고, 메아짜가 구와이타에게 길게 패스를 했고, 구와이타는 체코 문전에 있던 스키아비오에게 어시스트, 스키아비오가 결승골을 터트렸다. 이탈리아가 체코슬로바키아를 2대 1로 꺾고 월드컵 첫 우승을 차지했다.

무솔리니 파시스트 정부에 의해 이탈리아 축구협회장으로 임명된 바카로 장군은 "2회 월드컵 축구대회의 최종 목적은 파시즘 스포츠의 위대함을 보여주는 데 있다."고 노골적으로 말했다. 그러나 벨기에의 랑제뉘 심판은 "월드컵으로 볼 때 이탈리아 월드컵은 대 실패 작이다. 무솔리니가 이끌고 있는 파시즘은 무조건 이기는 것만 바랬고, 축구를 통한 인간성의 순수한 승화를 외면했기 때문이다."라고 혹평을 했다.

이후 무솔리니는 2차 세계대전까지 일으킨 전범이 되었고, 결국 패장이 되어 스위스로 망명하려다가 1945년 4월 28일 공산주의 계열인 파르티잔에 의해 연인이었던 클라라 페타지와 함께 총살당하고 말았다.

올림픽을 전쟁에 이용한 아돌프 히틀러

독일이 1차 세계대전에서 패망한 이후 다시 2차 세계대전을 일으킬 정도로 부활한 이유를 아는가? 올림픽 즉 스포츠 때문이다.

히틀러는 올림픽을 유럽을 정복하기 위한 수단으로 전락시켰다. 1931년 국제올림픽위원회 즉 IOC는 1936년 올림픽을 베를린에서 하기로 최종적으로 결정했다. IOC의 그러한 선택은 제1차 세계대전의 패배 이후 국제사회에서 고립되었던 독일이 다시금 부활하는 계기가 되었다. 그가 올림픽을 철저하게 이용하려 한다는 것은 국제사회에서도 어느 정도 눈치를 채고 있었다. 그래서 베를린올림픽을 보이콧 하려는 움직임이 미국, 영국, 프랑스, 스웨덴, 체코슬로바키아, 네덜란드 등에서 표면화되었다. 심지어 일부 보이콧 옹호론자들은 베를린올림픽에 대한 대응올림픽(Counter-Olympics)을 개최하자는 주장까지 제기했다. 그 가운데 가장 규모가 큰 것은 인민의 올림피아드(People's Olympiad)로 베를린올림픽이 열릴 즈음 1936년 8월 스페인 바르셀로나에서 개최하려 했다. 그러나 인민의 올림피아드는 스페인의 내전 발발로 취소되었다. 그는 1936년 베를린올림픽을 앞두고 기막힌 아이디어를 창안해 냈다. 올림픽 발상지인 그리스에서 성화를 채화시켜 릴레이로 유럽대륙을 종단한다는 것이었다. 그 코스는 바로 나치 독일이 유럽대륙을 석권할 코스였다. 올림픽 성화 릴레이를 핑계 삼아 철저하게 전략코스를 답사하는 데 성공했다. 나치의 가공할 살육의 길목이 올림픽의 이름을 빌어 은폐된 것이다. 결국 올림피아에서 베를린까지의 성화 봉송루트가 이후 제2차 대전 당시에 발칸반도를 향한 독일군의 진격루트가 되었다. 평화의 제전 올림픽을 위하여 실행하였던 성화 봉송 행사가 처음부터 전쟁을 염두에 두었던 것인지는 모르지만, 어쨌든 이를 철저히 전쟁에 이용한 것을 보면 히틀러와 나치는 진정한 악마였던 것 같다.

그렇지 않아도 베를린올림픽은 올림픽이 열리기 전부터 '베를린올림픽이냐!', '나치올림픽이냐' 하는 정치적 성격을 놓고 논란을 불러일으켰다.

1931년 여름, 1936년 올림픽을 베를린에서 열기로 결정한 직후부터 나치정권을 둘러싼 갖가지 마찰이 빚어지기 시작했다.

1932년 선거에서 이긴 나치당이 득세해서 히틀러의 등장을 예고했다. 1933년 2월, 베를린올림픽을 준비하기 위한 기구를 발족시키기 위해 베를린올림픽 조직위원회는 명목상으로 독일의 국가원수 힌덴부르그 대통령을 대회 명예위원장으로 추대하고 위원장으로 데오도르 데발트 조직위원장, 부위원장에 살름 베를린 시장을 임명했다. 그런데 히틀러는 힌덴부르그 대통령의 명예위원장과 살름 시장의 부위원장은 수락했지만, 데오도르 데발트 조직위원장은 물러나야 한다고 주장했다. 그의 가계(家系)에 유태인의 피가 섞여 있기 때문이었다.

올림픽이 열리기 1년 전인 1935년 나치정권은 IOC에 최후통첩을 보내 올림픽 조직위원장인 데발트 박사를 자기들이 추천하는 사람으로 교체해 줄 것을 요청했다. 그러나 IOC의 라투르 위원장과 회원들은 모두 한마음이 돼서 나치의 최후통첩을 무시하고 데발트 박사를 적극적으로 지원했다. 한발 더 나가서 만약 나치 정부가 끝내 위원장 교체를 고집한다면, 베를린올림픽을 취소하겠다고 역으로 통첩을 했다. 그러자 천하의 히틀러도 IOC 파워에 무릎을 꿇고 말았다. 히틀러가 상대방의 힘에 굴복하고 양보한 것은 그것이 처음이자 마지막이었다. 정치적으로 우여곡절을 겪은 것과는 달리 베를린올림픽은 규모와 운영 면에서 가장 완벽한 대회로 기록되어 있다.

대회 운영을 맡은 기술전문반은 1932년 LA올림픽에서 처음 시도했었던 전자시계와 사진판독 장치를 개선해서 선수들의 기록을 완전히 기계화하는데 성공했다. 기록의 기계화로 심판들의 판정이 신속하고 정확해졌고 관중들도 경기진행 상황을 알기가 쉬워져 보는 재미가 더 있었다.

나치 정부의 철저한 통제 하에 대회운영을 돕기 위한 교통편의 시설이 대량으로 동원되었다.

베를린 교외에는 대규모의 선수촌이 만들어져 남자선수들을 수용했다. 선수촌은 대회가 끝난 뒤 나치 군대의 장교클럽으로 사용되었다. 선수촌에 입촌하지 않은 여자선수들은 스타디움 경내에 있는 호화로운 기숙사에 숙박했다.

히틀러는 베를린올림픽에 무제한으로 돈을 쓰라고

지시를 했다. 게르만 민족의 우월성을 증명하기 위해 나치 정권의 파워를 과시하려는 불순한 의도였다.

　대회에 관한 모든 정보와 자료 안내문이 독일어 영어 프랑스어 등 5개 국어로 번역되어 전 세계 매스컴에 배포되었다. 외국 관중만 15만 명이 넘었고, 440만 장의 입장권이 매진되었다. 대회는 경기진행, 선수단 이동 등 모든 것이 계획대로 정확하게 운영되었다. 일반적인 문화행사도 치밀하게 진행되었고, 기념우표가 나오고, 사상 처음으로 개막식에서 폐막식까지 비록 회로이기는 하지만 텔레비전이 등장해서 많은 사람들이 경기장 밖에서도 경기 현장을 지켜볼 수가 있었다.

　베를린올림픽의 개·폐회식을 하는 메인 스타디움도 10만 명을 수용하는 대규모 경기장이었다. 스타디움 옆에 기차역과 주차장이 만들어졌고, 체육관도 무려 2만 명을 수용할 수 있었다.

　1936년 8월 1일 히틀러의 개회선언으로 베를린올림픽이 시작되었다. 52개국에서 온 5천여 명의 선수들이 입장을 했다. 특히 1896년 1회 아테네 올림픽 마라톤 우승자인 그리스의 스피리돈 로우에스가 히틀러의 특별 초청을 받아 참석했다. 스피리돈 로우에스는 올림피아에서 따온 생 올리브 가지를 히틀러에게 선물했다.

히틀러는 여자 투포환에서 한스 뷜케가 금메달, 게르하르트 스토엑크가 동메달을 휩쓸어 독일의 나치 깃발이 두 개나 휘날리자 기분이 매우 좋았는지 메달을 딴 두 선수를 따로 불러 축하를 해 주었다. 그는 올림픽을 앞두고 모든 국민 가운데 스포츠에 소질이 있는 사람들을 차출해서 블랙 포레스트 훈련 캠프에 집어넣어 무제한 훈련을 시켰다.

스포츠를 통해, 올림픽의 성공적인 개최를 통해 게르만 민족의 우월성을 전 세계에 선전해서 정치적 부수입을 올리려는 것이 히틀러의 계산이었다. 그러나 히틀러의 그러한 속셈은 대회 이틀째에 '잘못된 것'임을 깨달아야 했다.

미국의 흑인 선수 제시 오웬스가 남자 육상 100m, 200m, 400m 계주 그리고 멀리뛰기까지 석권, 혼자서 4관왕이 된 것이다.

독일 선수들이 육상 투포환에서 금메달과 동메달을 휩쓸자 그 선수들을 단상에 불러올려 악수를 하며 축하해 주던 히틀러는 오웬스를 비롯해서 흑인선수들이 잇따라 금메달을 따자 모른 채 외면했다.

일본선수로 출전한 한국의 손기정과 남승룡이 마라톤에서 금메달과 동메달을 획득했을 때도 히틀러는 애써 무시하려 했다.

히틀러의 선전상 괴벨스가 발행하는 올림픽 신문에는 흑인선수들을 가리켜 "미국 선수단의 부속물들"이라고 혹평을 했다. 그리고 흑인 선수들의 금메달 획득 기록을 철저하게 외면했다.

IOC의 라루트 위원장이 히틀러와 나치정권의 인종차별이 너무 지나치다고 보고 히틀러에게 '스포츠 정신에 위배되는 행동을 하지 말라'는 내용의 경고를 했다. 그 후 히틀러는 독일의 메달리스트들을 단상으로 끌어 올리지는 않았지만, 귀빈실로 불러 격려를 했다.

독일은 베를린올림픽에서 금메달 38개를 획득, 금메달 24개에 그친 미국을 제치고 종합 1위를 차지했다. 미국이 1908년 런던올림픽에서 개최국 영국에게 종합 1위를 내 준 이후 두 번째였다.

올림픽이 열리는 기간 동안 히틀러는 폭력적 인종차별 정책을 은폐하는 데 온 힘을 기울였다. 대부분의 반유태주의 구호는 일시적으로 사라졌고, 신문들은 잔혹한 표현들을 자제했다.

올림픽이 성공적으로 끝나자 전 세계 여론이 독일에 긍정적인 반응을 하기 시작했다.

미국의 뉴욕 타임즈는 "1차 세계대전 패배로 암흑 속에 빠져 있던 독일이 더욱더 인간적인 모습으로 돌아왔다"고 썼다.

그밖에 세계유수의 언론들은 "이같이 평화로운 시기가 좀 더 오래 지속되었으면 좋겠다."고 쓰기도 했다. 그러나 윌리엄 사이어 등 몇몇 기자들은 "베를린올림픽이 표면적으로 성공한 것으로 보이는 이유는 인종차별주의와 폭력통치를 숨기고 있기 때문"이라고 신랄하게 비판을 하기도 했다.

베를린올림픽 이후에도 히틀러의 스포츠를 활용한 만행은 더욱 잔혹했다.

1939년 9월 1일 제2차 세계대전의 출발점이 되는 폴란드 전역을 점령한 직후 축구 경기를 벌였다.

폴란드 내에서 독일 대표팀이 폴란드 대표팀을 완벽하게 이겨 독일의 우월성을 확실히 각인시키겠다는 속셈이었다. 그러나 폴란드는 1938년 프랑스 월드컵에서 브라질과 대등한 경기를 펼칠 정도로 강한 팀이었기 때문에 만만한 전력이 아니었다. 그래서 히틀러는 폴란드 대표팀에게 "패배한다면 상을 주겠지만, 이길 경우 모두 총살시키겠다."는 무시무시한 협박을 했다. 하지만 폴란드 대표팀 선수들은 무너진 조국을 위해 최선을 다했고, 결국 3대 2로 승리했다. 협박을 했던 대로 히틀러의 나치는 폴란드 선수들을 그 자리에서 총살시키는 만행을 저질렀다.

훗날 2차 세계대전에서 패망한 독일이 과거를 반성하고 독일 수상이 폴란드 대통령 앞에서 무릎을 꿇기도 했지만, 최악의 독재자라 불리는 히틀러가 체제 선전을 위해 스포츠를 악용했다는 사실을 알 수 있다.

논문조작으로 대통령직에서 물러난 금메달리스트 팔 슈미트

팔 슈미트 헝가리 대통령은 올림픽에서 금메달을 2개나 딴 진정한 엘리트 스포츠맨 출신이다. 1968년 멕시코 올림픽 남자 펜싱 에페 단체전에서 G컬스카 선수 등과 한 팀을 이뤄 출전해 결승전에서 강팀 소련을 7대 4로 물리치고 첫 금메달을 차지했다.

팔 슈미트는 4년 후에 벌어진 1972년 뮌헨올림픽에서도 역시 남자 에페 단체전 결승전에 진출, C. 페니베시, G 쿨사 등과 함께 스위스를 8대 4로 제압하고 두 번째 금메달을 차지했다.

그는 현역시절 스피드가 있는데다, 순발력까지 갖춰서 상대의 공격을 이용해서 역습으로 승부를 내는 스타일이었다. 그리고 가끔 '콩트로 아타크(Contre attaque)'라는 기술도 구사한다.

펜싱에서는 공격권이라는 게 있어서 상대방이 칼을 휘두르고 나서 찔러야 점수를 받는데, 콩트로 아타크 기술은 상대가 공격을 하기 전에 찔러 득점을 하는 기술이다.

헝가리는 프랑스, 이탈리아, 독일, 프랑스 등과 함께 세계 펜싱의 정상을 다투는 펜싱 강국이다.

펜싱에서는 간혹 2012 런던올림픽 때의 대한민국이나 2008 베이징올림픽 남자 사브르 단체전과 개인전에서 금메달을 딴 중국처럼 아시아 국가들이 좋은 성적을 올리는 경우가 있지만, 거의 대부분 유럽 국가들이 메달을 독식해 오고 있다.

그런데 유럽이건 아시아건 올림픽 금메달리스트가 그 나라의 대통령에 오른 것은 팔 슈미트가 유일하다. 그는 1942년 4월 13일 헝가리 부다페스트에서 태어났다.

1980년 스포츠 담당 차관이 되어 체육계와 인연을 맺기 시작, 1983년 IOC위원에 선임되었고, 1990년대에 IOC 부위원장, 스페인대사, 스위스대사를 거쳐 2002년에는 청년민주동맹의 부총재가 되었고, 2010년 5월, 헝가리 총선 후 국회의장이 되었다. 이후 대통령을 선출하는 투표에서 273표를 획득해 헝가리 대통령에 당선되었다. 그러나 2012년 1월 11일 주간 세계경제의 웹사이트에 팔 슈미트가 박사학위를 딸 때의 논문이 불가리아 전문가의 글을 표절했다는 의혹이 제기되면서 나락으로 떨어졌다.

슈미트는 1992년 부다페스트 체육대학에서 "근대 올림픽 경기 프로그램에 대한 분석"이란 논문으로 박사학위를 받았다. 그런데 그 박사학위 논문이 불가리아 니콜라이 그레고리예프의 논문을 표절한 것으로 의심을 받은 것이다. 그레고리예프의 원 논문은 1987년에 발표되었다. 그런데 팔 슈미트의 논문은 5년이나 늦은 1992년에 발표되었는데, 팔 슈미트가 니콜라이의 원문을 통째로 표절했다는 의심을 받은 것이다. 그런 사실(팔 슈미트의 표절)은 제멜바이스 대학의 '5인 조사위원회'에서 확인되어 2012년 3월 29일 팔 슈미트의 박사학위가 취소되었다. 이어 2012년 4월 2일 박사학위 논문 표절로 대통령직에서 물러났다.

IOC는 2013년 5월 31일 러시아 상트페테르부르크에서 개최된 집행위원회에서 논문을 표절한 슈미트 위원에게 경고 조치로 매우 약한 견책징계를 내렸다.

라커룸에서 파이팅 외친 앙겔라 메르켈

앙겔라 메르켈 독일 총리는 유럽에서도 알아주는 훌리건 급 축구광이다.

2012 유럽축구선수권대회 독일 대 그리스가 8강전을 벌이자, 메르켈 대통령의 축구를 향한 사랑이 발동했다. 메르켈 총리는 원래 스페인, 이탈리아, 프랑스 정상들과 재정대책회의가 준비되어 있었지만, 독일 대 그리스의 8강전을 보기 위해서 정상회의 시간을 연기하고 축구 경기장을 찾은 것이다. 그녀는 독일이 골을 넣을 때마다 자리에서 벌떡 일어나 박수를 치고 만세를 부르는가 하면, 독일이 그리스에게 4골을 몰아넣으며 4대 2로 이기자 허공을 향해 빈주먹을 휘두르며 흥분을 주체하지 못했다. 그녀는 함께 축구를 관전하고 있는 사람들에게 "그리스는 2004년 유럽컵 우승팀이에요. 그 팀에게 4골을 퍼 부었다는 것은 우리 전차군단이 엄청난 위력이

있다는 거예요."라고 축구상식을 자랑하기도 했다.

축구는 인간의 감정을 처리하기에 적합한 스포츠다. 누구나 화가 나면 발로 걷어차고 그 다음이 주먹이 나간다. 수많은 스포츠 가운데 골키퍼나 드로우 인을 할 때를 제외하고 손을 써서는 안 되는 것이 축구다.

영국의 명문학교인 '이튼'이나 '럭비' 학교 등에서 축구를 정규과목으로 택했던 것은 육체 속에 잠재되어 있는 야성을 순화시키기 위해 여러모로 규제를 가함으로써 감정을 올바르게 처리하려는 데 뜻이 있었다.

앙겔라 메르켈은 2010년 남아공 월드컵 때도 독일 대 아르헨티나의 8강전에도 현지에 나타났다. 그녀는 독일이 클로제의 2골, 뮐러와 프레드리히의 각각 1골로 아르헨티나를 4대 0으로 대파하자 "내가 독일 경기에 오면 우리 팀은 반드시 이긴다."며 승리의 기쁨을 감추지 못했다. 그녀는 "사실 아르헨티나에는 메시가 있어서 우리(독일)가 힘든 경기를 할 것 같았는데, 오늘 보니까 메시도 별거 아니네요."라며 환하게 웃었다. 그녀는 2012년 10월 독일 베를린에서 벌어진 유럽축구 선수권대회 독일 대 터키의 A조 예선 경기에서 독일이 이겼을 때는 독일 선수들이 상반신을 벗고 있는 라커룸에까지 찾아가서 선수들과 악수를 나누기도 했다.

당시 메르켈은 자신이 여자라는 사실조차 잊어버린 듯 우람한 체격의 웃통을 벗은 남자선수들이 있는 라커룸 곳곳을 헤집고 다니며 일일이 포옹을 하기도 했다.

그때부터 여성 총리인 메르켈이 전차 군단 독일 축구가 승리하는 현장에 나타나서 '강한 대통령'의 이미지를 대중에게 심어주고 있다는 평가가 나오기 시작했다. 그러나 국제축구계에서는 메르켈 총리가 '독일 축구가 이길 만한 현장에만 나타난다'고 꼬집어서 말하는 사람도 있다.

독일을 사회스포츠 천국으로 만든 아데나워

독일은 세계에서 사회체육 제도가 가장 발달되어 있는 나라다. '골든플랜'으로 대변되는 독일 사회체육은 모든 사람들이 집에서 10분 거리에 운동을 할 수 있는 시설을 갖추고 있다. 독일의 사회체육이 이같이 탄탄한 조직을 갖게 된 것은 콘라트 아데나워 총리 때문이다. 아데나워 총리는 1955년 "독일의 청소년 체육교육이 더 이상 뒷전으로 밀려나서는 안 된다. 성장하는 세대에 대한 관심은 문화적 사회적 시민적 과제로 인식해야 한다."고 선언하고는 청소년을 위한 체육정책을 세워나가기 시작했다.

독일은 당시 2차 세계대전의 패전 국가로 온 국민이 깊은 시름에 빠져 있었다. 아데나워는 독일이 2차 세계대전의 폐허를 딛고 모든 에너지를 국가재건에 쏟아 붓던 시절에도 청소년들을 비롯한 성인들의 체력 향상이 그에 못지않게 중요하다고 판단한 것이다. 아데나워의 체육정책으로 인해서 체육계에서는 2차 세계대전 여파로 아직도 파괴된 건물이 상흔처럼 남아 있던 시절에 체육관 1만 개와 수영장 7백 개를 지어야 한다고 주장했다. 모든 학교는 체육관에 탈의실과 샤워 시설을 갖춰야 하며, 학생뿐만 아니라 방과 후나 주말에는 주민들에게 개방해야 한다고 주장했다.

독일의 올림픽위원회는 그 같은 주장을 바탕으로 1959년 자신의 집에서 10분 거리에 체육관을 지어 주민들이 어디서나 운동을 할 수 있도록 한다는 '골든 플랜'을 수립했다. 독일의 사회체육은 골든 플랜에 따라서 국민들 속으로 파고들었으며 통일 후에는 동독으로 퍼져 나갔다. 그의 위대한 결단이 세계에서 가장 탄탄한 체력을 갖은 국민이 되게 한 것이다.

독일에서는 체육관이나 체육시설에서 아데나워 흉상을 볼 수 있다. 아데나워 총리는 1876년 1월 5일 태어나 1949년 독일연방공화국 첫 번째 총리가 되었다. 그는 1963년까지 14년 동안 총리로 재직하면서 '라인 강의 기적'을 만들었고, 사회체육도 앞서 언급한 '골든플랜'을 바탕으로 모든 국민이 건강하게 사회생활을 할 수 있는 기반을 마련했다.

독일의 스포츠클럽은 원칙적으로 자립적 성격을 가진 조직이다. 회원들이 회비를 내서 운영한다. 실제 재무구조를 보면 회비(54.7%), 사업이익금(24.8%), 국가보조(10.7%), 기부금(7.3%), 기타(2.5%) 순이다. 회비의 비중이 매우 높다. 그럼에도 불구하고 스포츠클럽은 재정적으로 곤란을 겪지 않는다. 무급 자원봉사자들이 코치 역할을 해주기 때문에 큰 힘이 된다. 무엇보다 국가에서 보이지 않게 지원해 주는 것들이 많다.

직장인들은 오후 4~5시경 퇴근을 한 후에는 바로 가까운 체육시설을 찾아서 운동을 한다. 대부분의 사람들은 2~3시간 운동을 한 후 시원한 맥주를 마시며 담소를 나누다가 집으로 돌아간다. 독일 국민들의 40%에 해당되는 3000여만 명이 9만여 개의 스포츠 시설을 이용해서 수영, 농구, 배구, 배드민턴, 축구 등의 운동을 하고 있다. 독일의 올림픽 메달리스트나 분데스리그 선수들은 거의 모두 사회체육 출신이다. 그들은 사회체육을 하다가 소질이 발견되어 엘리트 스포츠 쪽으로 방향을 틀게 되고, 은퇴를 한 후에는 다시 사회체육지도자로 돌아오는 선순환을 하는 것이다.

올림픽을 위협한 테러리스트에 굴복하지 않은 골다 메이어

 1972년 9월 5일은 올림픽이 테러로부터 강력한 도전을 받은 날이다. '세계 평화'를 가장 큰 슬로건으로 내세우고 있는 올림픽이 테러집단으로부터 직접적인 피해를 당했기 때문이다.

 1972년 뮌헨올림픽이 중반을 넘긴 9월 5일 새벽, 팔레스타인 극좌단체인 '검은 9월단' 소속의 테러리스트 8명이 이스라엘 숙소를 침입했다. 그들은 현장에서 이스라엘의 레슬링 선수 가드 쏘바리와 역도 선수 요세프 로마노 선수를 살해하고 9명의 선수를 인질로 잡았다.

 테러범들은 이스라엘이 억류하고 있는 팔레스타인 수감자 200명과 독일, 일본의 적군파 요원들을 석방하고 안전한 탈출을 보장하라는 요구 조건을 내세웠다.

 테러범들은 4시간 안에 요구조건이 관철되지 않으면

30분에 1명씩 인질을 살해하겠다고 위협했다.

서독 정부는 이 요구조건을 놓고 이스라엘 정부와 협의를 하기 시작했다. 그러나 골다 메이어 이스라엘 총리는 테러리스트들의 요구를 한 가지도 들어줄 수 없다고 거부했다. 올림픽 역사가들은 만약 골다 메이어가 테러범들에 굴복해서 요구조건을 들어 주었다면 올림픽은 이후에도 테러범 또는 그와 유사한 범죄들로부터 자유롭지 못했을 것이라고 말하고 있다.

결국 '검은 9월단' 사건은 이스라엘 인질 9명 등 이스라엘 선수들과 테러범 전원, 그리고 독일 경찰 1명 등이 사망하는 참혹한 결과를 남긴 채 막이 내렸다.

골다 메이어는 즉각 보복에 나섰다. 뮌헨올림픽 직후 '비밀요원' 모사드를 만들어 '검은 9월단'에 관련된 사람들을 지구 끝까지 따라가서 살해 하라고 지시했다. 그리고 시리아, 레바논의 팔레스타인 캠프를 폭격하고 특수부대를 동원해 테러에 가담한 '검은 9월단' 관련자들은 끝까지 추적해 세계 곳곳에서 이들을 살해했다.

이스라엘 최초의 여성 총리였던 골다 메이어는 개인적으로는 역도 종목을 가장 좋아했다. 그녀가 역도를 좋아한 이유는 자신이 노력한 대로 성과가 나올 수 있는 스포츠라고 생각했기 때문이었다. 역도 선수는 자신이 노력한 대가가 자신이 드는 쇠 덩어리 무게에 그대로 드러나는 정직한 스포츠이고, 또 체급이 나뉘어 있기 때문에 공정하게 승부를 겨룰 수 있다는 것도 감안을 했다. 그녀는 이스라엘 체육회장과 만나서 "딱 한 가지 불만은 역도가 남자만이 할 수 있다는 점이다. 하루빨리 여자에게도 개방을 해야 한다."고 말하기도 했다.

메이어 총리가 주장을 한지 20여 년 만인 2000년 시드니 올림픽부터 여자 역도는 정식종목으로 채택이 되었다.

유럽의 황제들과 고대올림픽

기원전 776년 고대올림픽을 시작한 엘리스 국왕은 올림픽 관리를 철저하게 했다. 올림픽 대회가 열리기 3개월 전에 그리스 전역에 '하나님의 휴전'을 선포하고 대회 참가를 권유했다. 도시국가 간의 전쟁이 끊임없이 벌어지던 혼란기에 4년에 한 번씩 싸움을 중단하고 기량을 겨루어 보자는 화합과 평화의 정신이 고대올림픽의 기본정신이었다.

기원전 480년경 페르시아 군대의 침공으로 나라의 운명이 위태로울 때도 올림피아 경기장에는 수천 명의 관중이 모여 권투경기 결승전을 지켜볼 만큼 올림픽 대회는 신성불가침(神聖不可侵)이었다.

서기 66년 로마 제국의 5대 황제인 네로는 무려 15개월 동안 로마를 비웠다. 그 이유는 그리스에서 벌어지는 고대 올림픽 전차 경기에 출전하기 위해서였다.

서양의 황제와 동양의 황제는 의미가 다르다. 동양의 황제는 거의 신과 동격이지만, 서양의 황제는 지배자의 의미는 있었지만 절대자는 아니었다. 그래서 백성들에게 끊임없이 뭔가를 보여줘야 했다. 그래서 전쟁이 나면 자신이 직접 칼을 들고 부하들을 이끌며 적진에 뛰어들어야 했다. 네로 황제도 자신의 능력을 보여주기 위해서 올림픽 경기에 출전해서 직접 마차를 몰게 된 것이다.

고대올림픽은 기원전 776년부터 4년마다 한 번도 빼놓지 않고 열려오고 있었는데, 고대올림픽의 하이라이트는 마차경기로도 잘 알려진 전차경기였다. 마차경기는 4마리 말이 전차를 끄는 경기인데, 고대 올림픽의 하이라이트였다.

네로가 출전하려는 고대올림픽은 원래 64년에 열렸어야 하는데, 64년에 올림픽이 열리면 자신이 전차를 잘 몰 수 있는 기량을 갖추지 못해서 입상하기 어렵다고 판단, 올림픽을 2년 늦춰서 66년에 열리도록 했다. 전차경기는 4말의 말이 이끄는 사두마차(四頭馬車)가 정상인데, 네로는 무려 10마리의 말이 이끄는 특수전차를 타고 출전했다. 4마리의 말이 끄는 전차와 10마리의 말이

끄는 전차는 마치 자동차의 배기량에 따라 파워가 다르듯이 10마리의 말이 끄는 전차가 훨씬 유리하다. 네로가 왕의 지위를 이용해서 마치 여우와 두루미의 이 이솝 우화처럼 자신에게 유리한 경기 방식을 취한 것이다. 그런데 네로는 자신이 유리한 상황인데도 불구하고, 레이스 도중에 마차에서 떨어지는 실수를 저질렀다. 당연히 탈락해야만 했었다. 그런데 경기가 끝나고 시상 순서가 되자, 네로의 머리에 전차경기 승리를 상징하는 월계관이 씌워지는 게 아닌가? 그러나 네로의 횡포 때문에 부당한 일이 생겼는데도 아무도 이의를 제기하는 사람이 없었다.

68년 2월 네로가 로마로 돌아오자 귀족들과 근위병들이 네로에게 등을 돌리기 시작했다. 결국 네로는 로마시를 탈출해 달아나다가 자신의 목에 창을 찔러 자살을 했다. 네로가 죽자 그리스 고대올림픽 조직위원회는 네로의 전차경기 우승 기록을 삭제했다. 네로가 자기 스스로 머리에 썼던 월계관이 벗겨진 것이다.

고대올림픽은 기원 전 776년부터 기원 후 393년까지 무려 1169년 동안 4년마다 293번을 한 번도 거르지 않고 계속되었다.

네로가 64년에 벌어질 대회를 2년을 늦춰서 66년에 개최한 적은 있었지만, 단 한 차례도 거르지는 않았다. 그리고 우승이 취소된 것도 66년 전차경주에서 억지로 월계관을 쓴 네로가 유일했다.

한편 알렉산더 대왕은 기원전 332년에 열린 올림픽에서 다른 왕들과는 달리 전차경주가 아니라 달리기 경주에 직접 출전해서 다른 선수와 공동 우승을 차지했다. 알렉산더 대왕은 당시 비교적 젊은 나이인 33살에 죽으면서 특이한 유언을 남기기도 했다.

"내가 죽으면 관에 구멍을 뚫어, 내 이 두 손을 관 밖으로 뽑아 모든 사람들이 보게 하라. 천하를 쥐었던 알렉산더도 떠날 때는 반드시 빈손으로 돌아간다는 것을 세상 사람들에게 보여주고자 함이라." 그리스 대 철학자 아리스토텔레스의 제자다운 유언이라고 할 수 있다.

서기 393년 로마의 데오도시우스 황제는 올림픽을 이교도(異敎徒)의 종교행사로 낙인을 찍어서 금지시켰다. 그렇게 해서 기원전 776년부터 시작된 고대올림픽은 서기 393년까지 1169년 동안 4년에 한 번씩 꼬박꼬박 293번을 한 번도 빼놓지 않고 열린 셈이었다.

베네수엘라의 왼손잡이 투수, 우고 차베스
- 남미의 정상들

축구팬들을 위해서 '축구팬 법'을 만든 룰라

　오바마가 가장 존경하는 룰라는 상파울루 시를 근거지로 하는 브라질 프로축구팀 '코린티안스'의 열렬한 팬이다. 2014 브라질 월드컵 개막전이 상파울루시 이타게라 경기장에서 치러지는 것도 룰라 때문이다. 그리고 시간만 나면 그라운드로 나가 축구를 한다. 룰라의 축구 실력은 아마추어 수준을 능가한다. 룰라가 볼을 몰면 웬만해서는 빼앗기지 않는다. 패싱과 슈팅 능력도 대단하다. 아마추어로서는 최상위권에 오를 정도의 실력이다. 그는 축구의 나라 브라질에서도 역대 대통령 중 축구에 가장 관심이 많은 대통령이라고 해도 좋을 것이다. 물론 축구의 나라인 브라질에서 대통령이 축구를 좋아하는 것은 어쩌면 당연한 일일지도 모른다. 국민 모두가 축구 팬이라고 해도 과언이 아닐 정도로 축구에 열광하는 나라가 브라질이기 때문이다.

브라질 청소년들의 20%가 공부로 성공하겠다는 목표를 갖고 있는 반면, 80%는 축구로 출세를 하려 한다. 우리나라 프로축구 K리그가 14팀뿐이지만, 브라질의 프로축구팀은 900개 팀 가까이 되고, 상파울루 주만 127개나 된다. 축구를 전업으로 하는 프로축구 선수가 우리나라는 608명, 브라질은 무려 2만 7천 명이나 된다. '축구의 나라' 브라질에서 룰라는 축구를 통해 국민들에게 더 가까이 다가섰다.

　어차피 축구는 인간의 감정을 처리하기 위해 만들어진 스포츠다. 푸른 잔디밭 위에서 폭발하는 야성의 화려한 전개, 일사불란한 팀워크가 만들어 내는 행동미학의 조화와 고도의 테크닉은 축구가 왜 모든 스포츠의 왕인지를 잘 나타내 준다. 한 마디로 11명의 지혜와 모든 능력을 쏟아 이뤄지는 90분간의 대합창이다. 그는 기꺼이 대합창단의 지휘자가 되었다. 룰라는 국민들에게 정부 정책이나 때로는 외교 문제까지도 축구에 비유해 설명을 하곤 했다. 그는 '축구 팬 법'도 만들었다. '축구 팬 법'이란, 축구 팬인 국민들의 권리를 보장해 주자는 내용이다. 그 법에 따라 브라질 축구협회는 경기 티켓 판매부터 프로리그의 상세한 경기일정과 출전팀들을 축구팬들이 미리 알 수 있도록 정확하게 공표해야 한다. '축구 팬 법'은 축구를 좋아하는 국민들이 축구 경기를 관전하는데 불편하지 않도록 배려하는 룰라의 리더십에서 비롯되었다. 룰라 대통령은 브라질 국가대표팀의 축구 경기는 만사를 제쳐 놓고 관전한다. 현지에 직접 갈 수가 없을 때는 TV로 시청한다.

지난 2010 남아프리카 공화국 월드컵이 열릴 때도 브라질이 G조 예선에서 북한에 겨우 2대 1로 어렵게 승리한 데 대해 불만을 표시했다. 브라질이 축구의 변방에서 온 아시아의 북한에 적어도 3골 차 이상 이길 줄 알았다. 그런데 겨우 1골 차로 이긴 것이다. 경기 내용도 북한을 압도하지 못했고, 한두 번 더 위험할 뻔하기도 했었다. 룰라는 그날 브라질리아 대통령궁에서 각료들과 함께 경기를 지켜본 뒤 "브라질이 북한에게 2대 1로 이기기는 했지만 경기 내용은 좋지 않았다. 앞으로의 경기에서는 좀 더 나아져야 한다."고 마치 축구전문가처럼 평을 했다. 룰라 대통령은 이어서 "우리 선수들이 첫 경기라서 부담감을 크게 느낀 것 같다. 그러나 그런 점을 감안하더라도 브라질 대표팀은 더 나은 모습을 보였어야 했다."고 말해 기대에 미치지 못한 대표팀의 플레이와 경기 결과에 아쉬움을 나타냈다.

당시 룰라 대통령은 앞서 "남아공 월드컵 우승팀은 브라질, 독일, 이탈리아, 아르헨티나, 잉글랜드 가운데서 나올 것"이라면서 브라질을 가장 유력한 우승 후보로 꼽았었다. 그러나 남아공월드컵 우승팀은 룰라의 예상과는 달리 스페인이 가져갔다.

펠레처럼 룰라도 축구에 관한 혜안(慧眼)은 없는 모양이다. 그는 2010년 7월 초 카보베르데를 시작으로 아프리카 6개국을 방문한 뒤 7월 11일 열리는 남아공 월드컵 결승전을 관전했다. 룰라는 재임시, 2014 브라질 월드컵축구대회뿐만 아니라 2016년 리우데자네이루 올림픽까지 유치했다.

지난 2009년 브라질 리우데자네이루가 덴마크 코펜하겐에서 열린 IOC 제121차 총회에서 미국의 시카고, 스페인의 마드리드, 일본의 도쿄 등을 물리치고 남미 대륙 최초로 2016년 하계올림픽 개최지로 확정되자 전 세계 매스컴들은 일제히 룰라에게 찬사를 보냈다.

당시 룰라는 "브라질은 이제 길고 긴 가난의 굴레를 벗고 일등 국가로 올라섰다. 나는 지금 이 자리에서 죽는다 해도 여한이 없다."며 감격해 했었다.

각국의 언론들은 "리우데자네이루가 올림픽 개최지로 선택된 것은 전적으로 룰라 대통령 때문이라며, 룰라는 세계에서 가장 위대한 지도자"라고 평했다.

미국의 월스트리트 저널은 '룰라 대통령이 월드컵에 이어 하계올림픽 유치로 브라질의 국제적 위상을 크게 끌어올렸다'고 평가했다. 또한 워싱턴 포스트도 '룰라 대통령이 아니었다면 브라질은 올림픽을 유치하지 못했을 것'이라고 분석했다. AFP통신은 "대통령 한 사람이 나라의 위상을 어떻게 끌어 올려놓을 수 있는지 룰라가 보여 주었다."고 극찬을 했다.

브라질 정부는 2014년 월드컵과 2016년 하계올림픽을 성공적으로 개최하기 위한 준비를 해 나가고 있다. 브라질은 두 개의 메이저대회의 성공적인 개최를 위해 2010년부터 2013년까지 760억 달러를 투자하고 있다.

브라질이 월드컵과 올림픽을 성공적인 개최하게 되면 '세계 5대 경제대국'이 될 가능성이 높다. 브라질이 5대 경제대국의 반열에 오른다면 '룰라의 리더십' 덕분이라 해도 틀린 말은 아닐 것이다. 그는 2011년 퇴임할 때 지지율이 무려 87%나 되었다. 브라질 국민 10명 가운데 9명이 지지를 보낸 것이다.

월드컵 우승 직후, 셔츠바람으로 삼바 춤을 춘 메디치

메디치 대통령은 월드컵을 이용해서 독재 정권을 더욱 공고히 하려 했던 브라질 대통령이었다. 에밀리오 가라스타추 메디치 대통령은 1969년 대통령이 되었지만, 국민들로부터 지지를 받지 못했다. 언론은 통제되고, 인권유린이 광범위하게 자행되었으며, 반정부 인사들은 수시로 고문을 당했다.

당시 군사독재 정권을 이끌던 메디치 대통령은 정부의 정통성 확보 차원에서 1970년에 벌어질 멕시코 월드컵 우승에 목을 매다시피 하고 있었다. 1970년 멕시코 월드컵은 이미 두 차례 월드컵 우승을 차지했던 브라질, 이탈리아, 우루과이 세 나라가 "어떠한 일이 있더라도 멕시코 대회에서 우승을 차지해야 한다."며 벼르고 있었다.

브라질은 1958년 스웨덴, 1962년 칠레, 우루과이는 1930년 우루과이, 1950년 브라질, 이탈리아는 1934년 이탈리아, 1938년 프랑스 월드컵에서 각각 두 번씩 우승을 차지했었다. 따라서 세 나라 가운데 한 나라가 1970년 멕시코 월드컵에서 우승을 차지하면 규정에 따라 월드컵우승 트로피인 '줄리메 컵'을 영원히 차지할 수 있게 되었기 때문이다.

줄리메 컵을 영원히 소유한다는 것은 '축구 최강국'이라는 상징적인 의미를 갖게 되기 때문에 매우 중요했다. 그래서 브라질, 이탈리아, 우루과이 세 나라 국민들은 멕시코 대회 우승을 그 어느 대회보다 간절하게 바라게 되었다.

메디치 대통령은 브라질 국가대표 축구팀을 격려하기 위해 대통령 궁으로 초대했지만, 당시 브라질의 주앙 살다냐 대표팀 감독은 이에 응하지 않았다. 살다냐 감독은 메디치 대통령의 점심 초대에 맞춰 선수들의 연습시간을 조정하지 않았던 것이다. 살다냐 감독은 메디치 대통령의 권위에 주눅이 들지 않고 대표팀을 소신껏 이끌었다. 어느 날 브라질의 한 신문 기자들이 살다냐 감독에게 물었다.

"왜 메디치 대통령이 좋아하는 다리우 선수를 대표팀에 포함시키지 않았냐"

"나는 브라질 정부 관료를 뽑을 권한이 없다. 브라질 대통령도 브라질 국가대표 축구선수를 선발할 수 없다."

그는 결국 살다냐 감독을 경질하고 말았다. 그러나 결과적으로 메디치 대통령의 살다냐 감독 경질은 '탁월한 선택'이었다. 그의 새로운 선택은 마리오 자갈루 감독이었다.

자갈루 감독은 1958년 스웨덴, 1962년 칠레 월드컵에서 브라질이 2연패를 할 때 결정적인 역할을 했던 스타 플레이어 출신이었다. 자갈루의 '형님 리더십'은 브라질 대표선수들을 한 마음으로 똘똘 뭉치게 했고, 브라질은 남미 예선부터 멕시코 월드컵 본선까지 전승 행진을 하며 막강전력을 발휘했다. 브라질은 멕시코 월드컵 결승전에서 '가데나치오', 즉 자물쇠 수비를 자랑하는 이탈리아 수비진에 4번의 수모를 안기며 4대 1로 이겨, 줄리메 컵을 영원히 보유하게 되었다. 자갈로 감독은 선수와 감독으로 월드컵에서 우승을 차지한 최초의 인물이 되었다. 자갈로 이후 독일의 베켄바우어가 두 번째로 선수, 감독으로 월드컵 정상의 맛을 봤다. 더구나 브라질의 멕시코 월드컵 우승은 '월드컵 사상 최초로 3번 우승'을 노렸던 우루과이, 이탈리아 두 팀을 완벽하게 제압하고 정상에 올랐다는데 더욱 큰 의미가 있다. 브라질은 우루과이를 준결승전에서 3대 1, 결승전에서 이탈리아를 4대 1로 각각 제압했다.

명장 자갈루 감독을 포함, 펠레, 자일징요, 게르손, 브라토, 알베르트, 리벨리노, 토스타오로 이루어진 당시 브라질 멤버를 '역대 최강'팀으로 꼽는 축구전문가들이 많다.

아무튼 브라질이 멕시코월드컵 결승전에서 이탈리아를 물리치고 우승을 차지하자, 메디치 대통령은 국제전화로 멕시코를 연결, 선수 한명 한명을 일일이 치하했다. 그가 선수들과 감격적인 전화통화를 끝낸 후 대통령 관저 난관에 셔츠 바람으로 나와 삼바 멜로디에 맞춰 춤을 추기 시작하자 시민들이 관저로 몰려들었다.

메디치는 대통령 관저를 개방하라고 즉각 지시를 했고, 시민들과 메디치 대통령은 서로 얼싸안고 '브라질 만세' '브라질 축구 만세'를 외쳤다. 그때 한 시민이 메디치에게 건의를 했다.

"대통령님 내일을 브라질 공휴일로 하시면 어떨까요?

"아니야, 내일 뿐만 아니라 모레 화요일까지 이틀 동안 브라질은 임시공휴일이야."라며 한술 더 떠서 대답했다.

브라질 국민들과 메디치 대통령은 우승을 차지한 1970년 6월 21일 일요일부터 6월 23일 화요일까지 사흘 동안 '광란의 파티'를 벌였다. 사흘 동안의 각종 환영행사에서 삼바리듬의 홍수 속에 폭죽, 총포, 추락, 심장마비 사고 등으로 무려 44명이 사망했고, 2천 명 가까이 부상을 당했다.

그는 6월 23일 멕시코 영웅들이 귀국하는 갈레오 국제공항에 모든 항공기의 이착륙을 금지시켰다. 영원히 브라질의 것이 된 줄리메 컵을 안고 귀국하는 브라질 선수단을 실은 특별기가 개선하기 때문이었다.

갈레오 공항에 내려진 특별경계령을 뚫고 5천여 명의 시민들이 멕시코에서 개선장군이 되어서 귀국한 월드컵 대표 선수단을 끌어안고 감격적인 포옹을 했고, 갈레오 공항에서 리우데자네이루 도심까지 2백여 만 명의 시민들이 환영과 축배의 노래를 합창하며 브라질 만세를 외쳤다. 시민가운데 일부는 '브라질 축구 만세'와 함께 '메디치 만세'를 외치기도 했고, 이를 전해들은 메디치는 만면에 미소를 지었다. 메디치 대통령은 멕시코 월드컵에서 우승을 차지한 선수단에 과도한 상을 내리기도 했다. 선수들 모두에게 2천만 원짜리 캐딜락 승용차를 한 대씩 주었다.

각하 명령, 수단 방법 가리지 않고 월드컵 우승해야

'꽝! 꽈광'

1978년 5월 25일, 아르헨티나 월드컵 개막을 불과 일주일 앞두고 수도 부에노스아이레스의 프레스센터에서 엄청난 폭음이 들려왔다. 세계 각국에서 월드컵을 취재하려고 모여든 기자들이 있는 프레스센터에서 폭탄이 폭발한 것이다.

아르헨티나 경찰 당국이 미리 정보를 입수해서 기자들을 긴급히 대피시켰기 때문에 언론인 가운데 다친 사람은 없었지만, 폭발 사고는 경찰관 한 명이 현장에서 사망하고 또 한 명이 중상을 당하는 결과를 빚었다.

그렇다면 왜 월드컵을 코앞에 두고 전 세계 기자들이 모여 있는 프레스센터에서 폭탄이 터졌을까? 수십 년이 지난 지금까지 미스터리로 남아 있지만, 당시 눈치 빠른 기자들은 악명 높은 아르헨티나 군사정부의 자작극이라는 데 무게를 두고 있었다.

월드컵을 앞두고 각국의 축구 스타들이 국제사면위원회에 아르헨티나의 정치범 석방을 탄원하고 있었고, 기자들이 월드컵 축구보다 아르헨티나 정치문제에 더 신경을 쓰는 상황 속에서 아르헨티나 정권이 각국의 기자들을 겁주기 위해서 폭탄소동을 일으켰다는 것이다.

실제로 당대 최고의 축구 선수 서독의 베켄바우어와 네덜란드 요한 클라이프는 아르헨티나 월드컵을 보이콧 했다.

아르헨티나의 일부선수들도 정국의 불안 때문에 유럽축구 진출을 핑계로 아르헨티나를 떠났고, 그나마 스타플레이어 가운데 캠퍼스 선수 등 몇몇 만이 남았다.

월드컵이 열리기 2년 전인 1976년, 쿠데타로 이사벨 페론 대통령을 축출하고 대통령이 된 호르헤 라파엘 비델라 레돈도 장군은 자신의 낮은 지지율을 끌어올리고, 군사정부에 대한 국민들의 불만을 해소하기 위해 축구를 좋아하는 아르헨티나 국민들에게 월드컵 우승컵이 필요했다. 그래서 월드컵 조직위원회를 포섭해서, 아르헨티나는 약한 팀과 조를 이루고, 서독 네덜란드 등 유럽 팀들은 강팀들과 한조를 이루게 했다는 소문이 나돌기도 했다. 실제로 2차 리그에서 아르헨티나는 브라질, 페루, 폴란드 등 브라질을 제외 하고는 비교적 약한 팀들과 B조에 속한 반면, A조에는 이탈리아, 서독, 네덜란드, 오스트리아 등 우승후보들이 즐비했다. 아르헨티나는 예선 경기부터 편파 판정의 혜택을 수없이 보았다.

1조 첫 경기에서 헝가리를 2대 1로 이겼는데, 헝가리 선수들은 90분 내내 아르헨티나 선수들뿐만 아니라 심판, 관중들과도 싸워야 했다. 아르헨티나는 프랑스와 두 번째 경기를 가졌는데, 전반 40분 스위스 주심 장 두바쉬 씨가 느닷없이 아르헨티나에게 페널티킥을 주었고, 아르헨티나 페널티 에어리어 안에서 아르헨티나 디디에르가 프랑스의 플라티니의 옷자락을 질질 끌며 늘어졌는데도 불구하고 그냥 무시해 버리고 말았다. 결국 그 경기는 아르헨티나가 프랑스에 2대 1로 이겼다. 2연승을 올린 아르헨티나는 예선 마지막 경기에서 이탈리아에 0대 1로 패해 약한 팀이 몰려 있는 B조에 속했다. 우여곡절 끝에 결승전은 홈팀 아르헨티나와 당시 토털축구로 세계최강을 자랑하던 네덜란드가 맞붙었다.

4년 전인 1974년 서독월드컵에서 아르헨티나는 네덜

란드에 0대 4로 완패를 당하기도 했었다. 객관적인 전력으로 볼 때 아르헨티나는 네덜란드에게 2~3골 차 뒤지는 것으로 분석이 되었다. 경기가 시작되자 이탈리아 주심 고넬라는 눈뜬 시각 장애인이 되었다. 아르헨티나 선수들이 노골적으로 네덜란드 선수의 무릎을 향해 태클을 걸어도 못 본척했다. 고넬라 주심은 오히려 전, 후반 90분 동안 네덜란드 선수들에게 무려 50회가 넘는 파울을 불었다. 네덜란드 선수들은 자신들이 준비한 작전을 제대로 펼 수가 없었다. 아르헨티나 선수와 스치기만 해도 휘슬을 불었기 때문이었다. 경기는 90분 동안 1대 1, 연장전에서 아르헨티나가 2골을 넣어 3대 1로 끝났지만, 그건 경기가 아니라 '아르헨티나 우승을 위한 축구 쇼'에 지나지 않았다.

아르헨티나의 월드컵 첫 우승이 확정되자 비델라 대통령은 로열박스에서 파한대소(破顔大笑)를 했고, 아르헨티나 선수 한 사람당 당시로는 엄청난 5만 달러라는 거액의 보너스가 지급되었다. 월드컵 우승으로 비델라 대통령의 인기가 약간 올라가는 듯 했지만 이내 제자리를 찾았고, 1981년 5년 임기를 마치고 물러났다. 그러나 비델라는 집권하는 과정에서의 쿠데타와 임기동안 좌익

게릴라를 소탕한다는 구실로 3만 명이 넘는 사람들을 살해, 구금, 납치한 것 때문에 재판에 회부되어 종신형을 선고받았다. 그가 자신의 정치적인 야욕을 채우기 위해서 아르헨티나의 월드컵 우승을 이끌었다면, 라울 리카르도 알폰신 대통령 정권 하에서는 마라도나, 발다노, 바티스타, 부르차가 등 당대 최고의 선수들이 실력으로 두 번째 월드컵을 차지했다.

1986년 멕시코 월드컵에서 아르헨티나는 서독과 결승전을 벌였다. 당시 서독의 콜 수상이 결승전이 벌어진 아즈데카 경기장을 찾은 반면, 아르헨티나 알폰신 대통령은 국내 사정으로 아르헨티나에 머물며 초조하게 경기 결과를 기다렸다. 결승전에서 혈전을 벌인 끝에 아르헨티나가 서독을 펠레스코어인 3대 2로 물리치고 두 번째 월드컵 우승을 차지하자 현장에서 이를 지켜보던 콜 수상은 12만 명에 가까운 관중 앞에 눈물을 흘리며 손수건을 찾았다.

한편 고국에서 아르헨티나 우승 소식을 들은 알폰신 대통령은 7월 1일을 임시 공휴일로 정했고, 아르헨티나 우승의 일등공신 마라도나를 공로시민으로 선정했다.

변호사 출신의 민주주의 투사였던 알폰신 대통령은

재임 기간 중에 아르헨티나 민주화에는 많은 공헌을 했지만, 인플레이션 비율이 5000%에 이를 정도로 경제정책은 빵점이었다. 그는 6년 동안의 임기를 순조롭게 마쳤지만, 2009년 3월 31일 폐암으로 사망했다. 그 때 나이가 82살이었다.

"마라도나 감독은 대표팀의 힘이다."

지난 2010년 남아공 월드컵에서 아르헨티나가 독일과의 8강전에서 0대 4로 대패를 당해 탈락하자 크리스티나 페르난데스 아르헨티나 대통령은 마라도나 감독을 옹호하는 발언을 했다.

이후 마라도나는 2013년 1월 16일 아랍에미리트(UAE) 두바이에서 기예르모 모레노 국내무역부 장관이 마련한 만찬에 참석, 자신을 크리스티나 대통령에 대한 열렬한 지지자로 표현했다.

마라도나는 "우리 아르헨티나 국민은 페르난데스 대통령 정부를 자랑스러워해야 한다."면서 "나는 크리스티나주의자"라고 말했다.

당시 페르난데스 대통령은 두바이를 방문 중이었고, 마라도나는 UAE 축구클럽 알 와슬 팀의 감독이었다. 크리스티나 대통령은 아르헨티나 축구에서 영웅 대접을 받고 있다.

지난 2009년 부도위기로 개막전도 갖지 못한 아르헨티나 프로축구 1부리그 TV중계권료를 두 배나 주고 사들였기 때문이다. 종전 6900만 달러의 중계권료를 1억5천400만 달러를 주기로 하고 계약을 한 것이다. 크리스티나 대통령이 아르헨티나 프로축구 1부 리그 20개 팀의 구세주가 된 것이다.

또한 유료채널 가입자만 볼 수 있었던 프로축구 중계를 공중파에서도 볼 수 있게 해 국민들의 열렬한 환호를 받았다.

AP통신에서 "인기가 추락한 크리스티나 정부의 인기를 끌어올리기 위한 사탕발림"이라는 혹평을 받기도 했지만, 크리스티나는 아르헨티나 프로축구와 팬들을 위해서 결단을 내린 것으로 평가를 받고 있다.

페르난데스 대통령은 1953년 출생으로 국립라플라타 대학교에서 법학을 전공한 뒤 변호사로 활약하다 1989년 산타크루스주의 지방의회에 시의원으로 당선되어 정계에 입문했다. 1995년과 2001년에 상원의원에 당선된 뒤 자신의 남편이었던 네스토르 키르치네르 대통령에 이어 2007년에 대통령에 당선되었으며, 2011년 10월 23

일 치러진 재선에서 54%의 득표율로 승리했다.

네스토로 키르네치르 대통령과 크리스티나 페르난데스는 부부 사이에 대통령직을 인수인계한 '대통령 부부'로 유명한데, 만약 키르네치르 대통령이 페르난데스 대통령에 이어 차기 대통령이 되면 20년 간 계속해서 부부가 아르헨티나 정권을 주고받게 된다.

베네수엘라의 좌완 투수 우고 차베스

우고 차베스 베네수엘라 대통령은 왼손 투수 출신이다. 투구 폼만 놓고 볼 때는 국가대표급 선수다. 학창시절에는 한 때 메이저리그에 도전했을 만큼 빠른 공과 정확한 제구력을 자랑했었다. 우고 차베스가 한창 빠른 공을 던질 때는 시속 150km 이상까지 나왔다. 커브와 체인지업 등 변화구도 잘 들어갔다.

차베스를 잘 아는 사람들은 만약 차베스가 야구에만 전념했다면, 메이저리거가 되고도 남았을 것이라고 말한다. 동료들이 학교와 동네에서 야구 경기를 할 때는 서로 차베스를 자기편으로 만들려 했고, 차베스 편은 항상 이기는 경우가 많았다. 그런데 그는 야구만 잘 한 것이 아니었다. 그림에도 소질이 있었고, 만화도 잘 그렸다. 그러나 청소년 시절 그의 정신을 지배한 것은 사회주의, 칼 마르크스, 볼리바르 장군 그리고 혁명이었다. 카스트로와 가다피는 그가 꿈꾸는 혁명 모델이었고, 체 게바라는 그의 우상이었다.

그는 쿠데타에 실패하고도 제거되지 않고, 선거를 통해 집권한 유일한 지도자였다. 1954년생인 차베스는 44살 때인 1998년 빈곤한 민중의 지지를 받아 베네수엘라의 대통령이 되었고, 2000년과 2006년 그리고 2013년에 계속해서 신임을 받았지만, 암이 발병하는 바람에 2013년은 대통령 집무실이 아닌 암 병동에서 맞아야 했고 결국 2013년 3월 5일 암으로 사망했다.

차베스는 쿠바, 온두라스, 콜롬비아 등 중남미 8개국과 반 미국동맹을 형성해서 사사건건 미국과 대립을 보였다.

차베스는 제1회 월드베이스볼 클래식 즉 WBC 대회를 앞두고 메이저리그 구단들을 상대로 베네수엘라 선수들이 모두 조국을 대표해 뛸 수 자유롭게 풀어줘야 한다고 주장을 했었다.

차베스는 베네수엘라 태생으로 뉴욕 메츠의 좌완 에이스로 활동 중인 특급 투수 호안 산타나가 WBC 출전을 만류한 구단의 뜻을 따라 대회 참가에 부정적 의사를 밝힌 데 따른 것이었다.

차베스 대통령은 "메이저리그 구단들은 베네수엘라를 대표할 선수들의 권리와 의무를 빼앗고 있다."라고 비판했다. 그러면서 그는 "메이저리그도 국가 간 A매치에서 국가대표팀에 소속돼 뛰길 원하는 선수들의 의사를 수용하는 유럽과 미국 프로축구 구단을 본받아야 한다."고 강조했다.

메이저리그 사무국은 축구의 월드컵을 겨냥해서 야구월드컵 즉 월드베이스볼 클래식(WBC)를 만들었지만, 차베스의 주장대로 메이저리그 팀들이 소속팀 선수들의 부상을 우려해서 내주지 않고 있다.

WBC대회는 2013년 3회 대회, 2017년 4회 대회 등 4년마다 개최를 하고 있지만, 개최시기가 메이저리그 개막 직전인 3월에 하고, 메이저리그 정상급 선수들이 출전하지 않는 경우가 많아서 당초 예상과는 달리 큰 인기를 얻지 못하고 있다.

차베스는 미국의 정책과는 항상 반대 노선을 걸으면서도 집무실에서 시간이 날 때마다 메이저리그를 관전하고, 특히 베네수엘라 선수들이 선발로 등판하는 경기는 생방송으로 보지 못할 경우 녹화를 해서라도 반드시 챙겨 봤을 정도로 야구광이었다.

오바마에게 맥주 한 박스 딴 스티븐 하퍼

- 북중미 정상들

오바마에게 맥주 한 박스 딴 스티븐 하퍼

캐나다의 스티븐 하퍼 총리와 미국의 버락 오바마 대통령은 2010년 밴쿠버 동계올림픽 남자 하키 결승전 결과를 놓고 내기를 걸었다. 미국 팀이 이기면 하퍼 총리가 오바마에게 캐나다에서 가장 오래된 몰슨 맥주 한 상자를 보내고, 캐나다가 이기면 오바마 대통령이 미국에서 가장 오래된 맥주인 잉링 맥주 한 상자를 보내 주기로 한 것이다. 결과는 캐나다의 아이스하키 영웅 시드니 크로스비가 연장전 7분 40초경, 극적인 결승골을 넣어서 3대 2로 미국을 꺾었다. 그 경기는 캐나다에서 무려 1660만 명이 시청한 것으로 나왔고, 잠시라도 경기를 본 사람까지 합하면 캐나다 인구 80퍼센트가 그 경기를 시청 것으로 나타났다.

캐나다는 밴쿠버올림픽을 개최하면서 다른 종목은 몰라도 아이스하키만큼은 반드시 우승을 해야 한다는 목표를 세웠었다. 결국 캐나다는 2002 솔트레이크시티 올림픽 금메달 이후 8년만에 통산 8번째 올림픽 아이스하키 금메달을 획득하여 아이스하키 세계 최강국임을 다시 입증한 것이다.

캐나다가 숙적 미국을 꺾고 올림픽의 마지막 이벤트를 금메달로 장식하자 승리의 함성이 캐나다 전역으로 메아리쳤다. 밴쿠버뿐만 아니라 캐나다 모든 도시의 거리가 수많은 인파로 뒤덮였다. 밴쿠버 올림픽 마지막 밤은 열광과 환희가 넘쳐났다.

캐나다는 동계올림픽의 꽃 남자 아이스하키 금메달로 밴쿠버 동계올림픽에서 역대 최다인 금메달 14개를 획득해 금메달 10개에 그친 독일을 제치고 종합 1위를 차지했다.

그 후 내기에서 진 오바마 대통령은 미국 펜실베이니아에서 생산되는 잉링 맥주 한 박스와 캐나다산 몰슨 맥주 한 박스를 캐나다 총리 공관으로 보냈다. 그는 측근들과 오바마가 보내 준 맥주를 마시며 다시 한 번 올림픽 금메달의 감격을 되새기는 시간을 가졌다.

"오바마가 맥주를 보내라고 지시하면서 얼마나 배가 아팠을까."

"다음에는 자기가 자신 있는 농구 경기에서 내기를 하자고 할지도 모르니까 그 때는 신중하게 대답을 하셔야 해요."

스티븐 하퍼 캐나다 총리와 버락 오바마 미국 대통령은 절친에 가깝다. 나이도 두 사람 모두 50대 초반으로 비슷하다. 지난 2009년 오바마가 미국 대통령에 당선된 후 처음 만난 세계 정상도 스티븐 하퍼 총리였다. 하퍼 총리로 볼 때도 미국이 캐나다 수출액의 75퍼센트를 차지하고 있고, 오바마는 미군이 해외 파병을 할 때 캐나다 군이 중요한 역할을 하니까 두 사람은 서로 이해관계가 맞아 떨어질 수밖에 없다.

2010 밴쿠버 동계올림픽이 끝난 지 보름도 채 지나지 않은 3월 12일. 그날 오후 미국 워싱턴 백악관 브리핑룸에서는 갑자기 기자들의 박수와 탄성이 터져 나왔다.

로버트 기브스 백악관 대변인이 평소의 정장 차림이 아닌 캐나다 아이스하키 대표팀 유니폼을 입고 등장했기 때문이었다. 기브스 대변인과 캐나다 총리실 드미트리 사우더스 대변인은 밴쿠버 동계올림픽 여자 아이스하키 결승전과 관련해 내기를 걸었다. 그런데 여자 하키 결승전에서도 캐나다가 미국을 2대 0으로 물리치고 금메달을 차지했다. 당시 캐나다와 미국 대변인들이 패하는 쪽은 상대방 유니폼을 입고 브리핑을 하기로 했었다. 그래서 비록 공식석상이기는 했지만 기브스 대변인은 약속대로 캐나다 유니폼을 입은 것이다. 그러나 기브스 대변인은 간단한 모두 발언과 기자의 질문 하나만 소화한 뒤 캐나다 아이스하키 대표팀 유니폼을 벗어 던졌다. 그 속에는 미국 아이스하키 대표팀 유니폼을 입고 있었던 것이다. 이를 본 미국 기자들이 열렬히 박수를 치며 환호를 했다. 캐나다는 아이스하키의 나라다.

브라질 소년이 어릴 때부터 축구공을 갖고 놀듯이 캐나다 소년들은 빙판 위에서 퍽을 갖고 논다. 그래서 캐나다에서는 "아이들이 어릴 때 걸음마와 아이스하키를 동시에 배운다"는 말이 있을 정도다. 캐나다 5달러짜리 지폐에도 아이스아키가 등장하고, 시내에서 10분 거리에 아이스하키장이 하나씩 있다.

아이스하키는 서로 몸을 부딪치는 보디체크(body check)가 허용된 격렬한 스포츠다. 퍽을 가진 공격자에게 수비선수가 자신의 몸을 부딪쳐 공격을 저지하는 것이다. 아이스하키는 스피드와 율동을 바탕으로 처절한 투쟁 본능을 살린, 얼음판 위의 종합 예술이다. 미국이 개척정신을 바탕으로 미식축구라는 격렬한 스포츠를 창안해 냈듯이, 캐나다 인들은 동계종목의 미식축구라는 아이스하키를 만들어내 국기(國技)로 삼고 있다.

캐나다 국민에게 있어 아이스하키는 팀워크를 길러주는 과학적인 운동이다. 캐나다 부모들은 자녀가 세 살 때부터 근처 하키장에서 스케이팅과 하키 교육을 시키는 것을 당연하게 생각한다. 스케이팅과 하키 운동이 건강 유지는 물론 어릴 때부터 팀워크 훈련을 할 수 있다고 생각하기 때문이다. 그것은 단순히 아이스하키에 열정이 있는 부모들에게만 국한된 것은 아니다. 캐나다에서 매주 토요일 저녁은 하키의 날이다. 캐나다 국영방송인 CBC는 매주 토요일 저녁을 하키의 날로 지정하여 두 경기 이상을 방영하고 있다. 방송 프로그램 이름도 'Hockey Night in Canada'이다.

캐나다의 스티븐 하퍼 총리는 아이스하키의 나라 총리답게 북미아이스하키리그(NHL) 토론토 미니풀스 팀의 오랜 서포터이고, 개인 서재에는 아이스하키와 관련된 책으로 도배를 해 놓고 있다. 그는 "나는 나중에라도 자서전을 쓸 생각은 없다. 하지만 반드시 아이스하키와 관련된 책을 쓰겠다. 그 책이 아이스하키를 배우려는 어린이들의 안내서건, 아이스하키 경기장 안팎에서 일어난 에피소드가 담긴 수필이건 상관없다. 꼭 아이스하키와 관련된 책을 쓰겠다."고 말하곤 했다.

2009년 12월 6일 스티븐 하퍼 총리가 우리나라를 방문 했을 때 당시 김형오 총리의 환영사에도 아이스하키 얘기를 빼 놓지 않았다.

김 총리는 "캐나다의 전설적인 하키 선수 웨인 그레인츠키가 말하기를 '나는 퍽이 있던 곳이 아니라 퍽이 가는 곳으로 간다'는 말을 인용"해서 같은 G20 국가인 두 나라의 공동번영을 위해서 힘을 합하자고 역설하기도 했다. 그는 김 총리의 연설이 끝나자 부인에게 "김 총리가 아이스하키를 인용해서 말하니까 이해하기가 편했다."고 말하기도 했다.

그의 아이스하키 사랑은 세계 각국에서 너무도 유명해서 그와 정상회담을 하는 나라는 어느 나라든지 아이스하키 얘기를 화제로 삼는다. 하퍼 총리도 아이스하키 얘기가 나오면 표정부터 달라진다.

카리브 해의 야구 광 피델 카스트로

지구촌에 대통령(또는 총리)이라는 제도가 생긴 이후 스포츠 이론에 가장 밝은 지도자 가운데 한 사람이 쿠바의 독재자 카스트로다.

카스트로는 특히 야구이론에 밝았다.

카스트로는 지난 2008년 8월 26일 쿠바 공산당 기관지 '그란마'에 기고한 '명예를 위한 금메달'이라는 제목의 글에서 쿠바 야구 대표팀이 2008 베이징올림픽 예선에서 야구의 종주국이자 상업 야구 천국인 미국을 두 번이나 이긴 사실을 높이 평가한 데 이어 한국 야구팀의 실력을 인정하는 발언을 했다.

그는 "한국과 야구 경기 결승은 매우 긴장되고 특별했다"며 "쿠바는 9회 말 1사 만루 기회를 잡았지만 무산됐다"고 8월 23일 결승전 장면을 묘사했다. 그 경기에서 한국은 강타자 이승엽 선수의 결승 홈런과 에이스 류현

진의 호투 그리고 정대현 투수의 깔끔한 마무리로 쿠바를 물리치고 올림픽야구 첫 금메달을 획득했었다.

그는 또한 "상대 프로선수들은 타격을 하기 위해 설계된 기계 같았고, 왼손 투수(류현진)는 다양한 구속의 공을 아주 정교하게 던졌다"며 "훌륭한 팀이었다(An excellent team)"고 평가했다. 카스트로의 평가는 예리했지만, 결승전에서 만난 한국 야구를 자본주의 냄새나는 기계적인 팀으로 표현을 한 것이 눈에 거슬렸다.

카스트로는 야구뿐만 아니라 농구, 배구, 골프, 복싱 등 모든 종목을 직접 즐기고 이론에도 밝은 만능스포츠맨이었다.

야구가 대부분의 공산국가에서는 '자본주의 놀음'이라며 외면을 받고 있지만, 쿠바에서만은 성행을 할 수 있었던 것도 카스트로가 야구를 좋아했기 때문이었다.

그는 지난 1964년 7월 5일 바라데로 해변에서 치러진 오리엔테팀과 피나르 델 리오팀과의 야구경기에서 선발 투수로 나와 9이닝 동안 2안타 1실점으로 호투, 오리엔테가 피나르델 리오팀을 14대 1로 대파하는 데 일등공신 역할을 했다. 그의 공은 시속 130km 안팎의 스피드로 그다지 **빠르지** 않았지만 제구력이 좋았다. 그리고 커브를 잘 던졌다. 커브도 빠른 커브 약간 빠른 커브 느린 커브를 섞어서 던졌고, 때로는 타자의 타이밍을 빼앗는 동작을 보이기도 했다. 카스트로는 주자가 없거나, 하위 타선에게는 안타를 얻어맞곤 했지만 클린업 트리오, 즉 중심타선은 집중력을 갖고 던져서 좋은 결과를 보이곤 했다. 카스트로의 투구를 본 사람들은 "체계적으로 훈련을 받았다면 쿠바 대표 선수까지 가능했을 것"이라고 말하곤 했다. 카스트로의 승부욕은 상상을 초월한다.

지난 1961년 3월 30일 아르헨티나 출신 혁명가이자 동지인 체 게바라와 하바나의 바이레알 골프클럽에서 친선 경기를 가졌다. 두 사람은 자주 골프 모임을 가졌는데, 그날은 누구랄 것도 없이 승부욕이 발동해서 한 치의 양보도 없는 박빙의 승부를 벌였다. 그는 그 경기에서 체 게바라에게 패했는데, 다음날 경기 결과를 보도한 기자를 해고 조치시키도록 했고, 그래도 화가 풀리지 않았는지 바이레알 골프코스를 없애버리고 그 자리에 군사기지가 들어서도록 했다.

쿠바의 앙헬 발로디아 마토스는 2008 베이징올림픽

태권도 경기 도중 심판의 머리를 돌려차기로 가격해 세계적인 뉴스의 주인공이 되었다. 국제태권도 연맹은 마토스의 비신사적인 행위에 대해 극단적인 조치, 즉 '영구제명'이라는 중징계를 내렸다.

카스트로는 "베이징올림픽에서 태권도와 복싱 등 일부 종목은 심판 판정에 문제가 있었다."며 "태권도에서 영구 제명된 마토스와 그의 코치 곤잘레스를 위해 연대해야 한다."고 말했다. 그는 또 "마토스는 자신이 심판에게 불공정한 판정을 받았다고 생각해 참지 못한 것이다."라고 하며 마토스를 옹호하는 발언을 하기도 했다.

카스트로의 그 같은 발언은 한국 야구가 아마야구 세계최강 쿠바를 꺾고 우승하자, "한국 선수들은 타격을 하기 위한 기계 같았다."고 칭찬한 발언과 함께 국제적으로 많은 화제를 모았다.

마토스는 태권도가 올림픽에 처음으로 정식 종목으로 채택된 2000년 시드니올림픽 남자 -80kg급에서 금메달을 딴 이후 2004년 아테네올림픽, 2008년 베이징올림픽에 3연속 국가대표로 출전한 쿠바의 태권도영웅이었다. 그가 쿠바의 태권도 영웅을 옹호하는 발언을 한 것은 이해가 가지만, 심판을 폭행하는 등의 올림픽 정신을 훼손한 것은 변명할 여지가 없다. 쿠바는 복싱 세계 최강국이다. 쿠바는 1972년 뮌헨올림픽부터 올림픽이 열릴 때마다 복싱에서 최고의 성적을 거둬 역대 올림픽 복싱에서 금메달 34개를 휩쓸었다.

쿠바는 1992년 바르셀로나 대회에서는 무려 7체급을 석권했었다.

한국이 아시아 최고의 복싱 강국이면서도 올림픽 금메달이 84년 LA올림픽 미들급 신준섭, 88서울올림픽 플라이급 김광선, 라이트 미들급 박시헌 등 3개밖에 없는 것에 비하면, 무려 34개의 올림픽 금메달리스트를 보유하고 있는 쿠바복싱이 얼마나 뛰어난지 짐작을 할 수 있을 것이다.

만약 정치적인 이유로 불참한 1984년 LA올림픽과 1988년 서울올림픽에서도 글러브를 끼었다면 쿠바의 금메달 개수는 훨씬 늘어났을 것이다.

쿠바는 2008 베이징올림픽에서도 대표 10명 중 8명이 준결승전에 진출하며 사상 최고의 성적을 기대했다. 그러나 이 중 4명이 동메달에 그친 데 이어 결승전에서도 나머지 4명이 모두 패해 은메달에 그쳤다.

단일 종목 복싱에서 은메달 4개 동메달 4개 등 8개의 메달 획득은. 다른 나라였다면 분명히 자랑스러워할 결과였을 테지만, 쿠바는 1968년 멕시코 올림픽 이후 40년 만의 복싱 '노 골드' 충격에 휩싸였었다. 쿠바 복싱이 흔들리게 된 가장 큰 원인은 베테랑 선수들이 해외로 대거 망명을 했기 때문이었다.

베이징올림픽을 앞두고 2004년 아테네올림픽 금메달리스트 4명과 2005년 세계선수권대회 우승자 1명 등 총 5명이 미국 등 해외로 망명을 한 후 프로로 전향했다.

쿠바의 경제 사정이 좋지 않아서 아마추어 복싱 선수들이 돈을 찾아서 세계 각지로 떠나 프로복서로 전향을 한 것이다. 쿠바 복싱은 베테랑 선수들이 돈을 찾아 빠져 나가자 베이징올림픽에서 올림픽 경험이 전혀 없는데다 세계선수권대회에도 뛰지 못했던 신인 선수들로 채워야 했었다.

쿠바는 피델 카스트로가 1962년 이후 프로 복싱을 금지한 뒤 아마 복싱에 온 힘을 기울였다. 각각 올림픽 복싱 헤비급에서 3대회 연속 금메달을 차지했던 테오필로 스테벤손과 펠릭스 사본은 국가 영웅 대접을 받았다. 그 가운데 데오필로 스테벤손은 당시 전성기를 구가하던 미국의 무하마드 알리와 프로, 아마 최강전 제의를 카스트로의 만류로 거부하기도 했다.

당시 카스토로는 데오필로 스테벤손을 집무실로 불러서 "내가 너의 평생을 책임지겠다. 쿠바에서 아마추어 복서로 남아라, 그리고 쿠바복싱의 명예를 지켜라."며 알리와의 대결을 만류했다. 이후 스테벤손은 세계 프로복싱 계로부터 거액의 스카우트 제의를 받곤 했는데 그 때마다 "나는 아마추어 복싱 최고 선수로 만족한다."며 사양했었다. 그러나 최근에는 아마복싱 스타들이 금메달을 팔아 밥을 먹어야 할 정도로 경제 사정이 나빠지고 젊은이들의 의식이 변하면서 선수들은 돈의 유혹을 뿌리치지 못했다.

쿠바 스포츠협회의 발표에 따르면 당시 2년 여 동안 16개 체급에서 모두 27명의 아마추어 복싱 선수가 망명을 택했을 정도였다.

그는 공산당 기관지 《그란마》에 기고한 글에서 "운동 선수가 선수단을 이탈한 것은 다른 동료들이 전투를 하고 있는 와중에 탈영한 병사와 다를 바가 없다."고 비판했다. 또한 카스트로는 쿠바 선수들의 망명을 부추기는 국제 프로모터들을 '마피아'에 비유하면서 "그들은 먹을 고기를 찾기 위해 혈안이 되어 있다."고 비난했다.

그는 비밀경찰들에게 국가대표 복서들뿐만 아니라 유망주들을 감시하라는 특명을 내리기도 했다.

그러나 카스트로의 특명도 배가 고픈 선수들의 자본주의, 즉 돈을 향한 열망을 막기에는 역부족이었다.

사정이 악화되자 쿠바는 올림픽 메달리스트들에게 금전적인 보상을 약속하며 재능 있는 선수들의 유출을 막으려고 안간힘을 썼다.

아마추어 복싱 선수들의 연봉은 해마다 높아졌고 메달리스트들에겐 자가용과 아파트 제공은 물론 매달 300달러(약 35만 원)의 포상금을 주기로 했다.

쿠바의 노동자 1인당 평균 월급이 20달러 미만이라는 점을 감안할 때 매달 300달러라는 포상금은 엄청난 액수다.

당근책은 곧바로 효과를 보기 시작했다.

2008 베이징올림픽으로부터 4년이 흐른 2012 런던올림픽에 쿠바 복싱 선수단은 단 한 명의 망명자 없이 정예 멤버가 출전했다.

쿠바는 2012 런던올림픽에서도 복싱 10체급에 8명의 선수가 출전해서 2체급에서 금메달을 땄다. 복싱은 한 체급 당 16명에게만 출전권을 주기 때문에 세계선수권대회 등에서 좋은 성적을 올려야 올림픽 출전권을 얻는데, 쿠바는 무려 8체급 출전권(한국은 2체급)을 따냈고, 금메달 2개의 최고 성적을 올린 것이다.

베이징올림픽에서 동메달에 그쳤던 라이트 웰터급의 로니엘 이글레시아스 선수는 결승전에서 우크라이나의 데니스 베란칙 선수에게 22대 15 판정승을 거둬서 4년 만에 한을 풀었고, 플라이급의 로베이시 라미레즈 선수는 몽골의 춘솟 니얌바야르를 17대 14로 물리치고 쿠바 복싱에 두 번째 금메달을 받쳤다.

쿠바가 베이징올림픽 때 충격의 노 금메달에서 4년 만에 벌어진 런던올림픽에서 2개의 금메달로 올림픽 복싱 참가국 가운데 가장 좋은 성적을 올리자 카스토로의 기분이 좋아졌다. 카스트로는 "자본주의가 우리를 건들지만 않으면, 복싱이건 야구건 최고의 성적을 올릴 수 있다"고 큰 소리쳤다.

월드컵 축구로 인해 전쟁을 벌인 두 대통령

엘살바도르의 피델 산체스 에르난데스 대통령과 온두라스의 오스왈도 로페스 아레야도 대통령은 1970년 멕시코 월드컵 지역 예선을 벌이다가 전쟁까지 벌였다.

1970년 멕시코 월드컵 북중미 13조 A조 예선은 초반부터 혈전이었다. 당시 중앙아메리카 6개 나라 가운데 1위가 13조 A지역을 대표하도록 되어 있었기 때문에 6대 1의 경쟁이었다.

중앙아메리카의 6나라는 한 때 비타민 결핍증으로 평균 수명이 30살도 안되었던 엘살바도르, 60센트 이상의 국민이 문맹국가인 엘살바도르의 이웃나라 온두라스 그리고 과테말라, 니카라과, 파나마, 코스타리카 등이었다.

6개국 가운데 엘살바도르와 온두라스 두 나라만 마지막까지 살아남아 홈, 앤드 어 웨이로 본선 진출팀을 가리게 되었다. 엘살바도르와 이웃 나라 온두라스는 견원

지간(犬猿之間)이었다. 30만 명이 넘는 엘살바도르 인들이 지난 60여 년간 땅이 넓은 온두라스에 이민해 들어갔고, 이들이 온두라스의 경제권을 장악하고 사회의 상층부를 이뤘기 때문에 '눈엣 가시'같은 존재였다.

1969년 6월 8일 온두라스의 수도 테구시갈파에서 벌어진 1차전은 온두라스가 1대 0으로 이겼고, 일주일 후인 6월 15일 엘살바도르의 수도 산살바도르에서 열린 2차전은 엘살바도르가 3대 0으로 이겼다. 그런데 그 경기에서 엘살바도르 홈 관중이 온두라스에서 온 원정 응원단에게 집단 폭행을 가해 온두라스 응원단들이 피투성이가 되어 온두라스로 추방을 당했다. 그런 와중에 온두라스 전역에서 엘살바도르 사람들에 대한 '피의 보복'이 대대적으로 벌어져 수십 명이 사망하고 수천만 달러의 재산 피해가 발생했다.

6월 23일, 엘살바도르의 피델 산체스 에르난데스 대통령과 온두라스의 오스왈도 로페즈 아레야도 대통령은 급기야 '국교단절'을 선언했다. 당시 월드컵 지역예선은 골득실은 따지지 않고 승패만을 따졌기 때문에 1승 1패가 된 두 나라는 6월 27일 멕시코에서 단판 승부를 벌이게 되었다. 두 나라의 최종 예선이 벌어진 멕시코시티 경기장은 관중보다 경찰이 더 많았다. 경기결과는 2대 2 무승부를 이룬 끝에 연장전에서 엘살바도르의 로드리게즈 선수가 결승골을 넣어 3대 2로 승리, 엘살바도르가 멕시코 월드컵 본선에 진출했다. 그런데 두 나라의 축구전쟁이 실제 전쟁으로 비화된 것이다.

 7월 13일 새벽, 온두라스에 있는 엘살바도르의 이민자들이 집단으로 무고한 죽임을 당했다고 판단한 엘살바도르의 피델 산체스 에르난데스 대통령이 온두라스에 선전포고를 한 후 공군과 포병부대를 앞세워 테구시갈파를 맹공격하기 시작했다. 온두라스의 오스왈도 로페즈 아레야도 대통령도 전 군(軍)에 즉각 반격을 지시했다. OAS 즉 미주기구가 즉각 중재에 나섰으나 전쟁은 계속되었고, 결국 화력이 달린 온두라스의 오스왈도 로페즈 아레야도 대통령은 2천여 명의 전사자가 나오자 더 이상 견딜 수 없다고 판단하여 휴전을 수락하기에 이르렀다. 이른바 '5일 전쟁'으로 불리는 월드컵으로 인한 두 나라의 전쟁에서, 피델 산체스 에르난데스 엘살바도르 대통령은 자기나라 보다 8배나 더 큰 온두라스 오스왈도 로페즈 아레야도 대통령에게 KO승을 거둬 국민적 영웅이 되었다.

나의 노벨상 수상보다 월드컵 진출이 더 기쁘다

코스타리카의 오스카르 아리아스 산체스 대통령은 지난 1990년 코스타리카가 이탈리아 월드컵 본선에 진출하자, "내가 노벨상을 탔을 때 보다 우리나라가 월드컵 본선에 오른 것이 더 기쁘다."고 말해, 축구 광팬임을 과시 했었다.

코스타리카는 북중미 예선에서 멕시코 미국 등에 밀려 번번이 월드컵 본선에 오르지 못했었다. 그 때마다 오스카르 아리아스 산체스 대통령은 "코스타리카가 월드컵 본선에서 활약하는 것을 보는 것이 나의 가장 큰 소망이다."라고 말했었다.

또한 그는 "뭐든지 처음이 중요하다. 월드컵 진출을 처음으로 이룬 우리 코스타리카는 이제 월드컵 본선 단골 진출 국가가 될 것이다."고 말하기도 했다.

코스타리카는 미국과 중남미국가들에 대한 협조가 외교정책의 기조로서 1983년에는 중립국을 선언하였다.

1979년 니카라과내전 때는 반정부게릴라들에게 국경을 개방하기도 하였으며 동유럽 국가와도 수교하고 있으나 쿠바와는 내정간섭을 이유로 1981년 5월 단교하였다.

이후 코스타리카정부는 반공·대미협조 방침을 표방하고 있으며, 미주기구, 즉 OSA(Organization of American States) 및 중앙아메리카 연합에도 가입하고 있다.

특히 오스카르 아리아스 산체스 전(前)대통령은 1987년 8월 코스타리카, 과테말라, 엘살바도르, 온두라스, 니카라과 등 중미 5개국 정상회담을 열어 각국 정권의 정통성 인정, 타국을 겨냥한 각국 내의 공격기지 거부 등을 골자로 하는 '에스키풀라스Ⅱ' 평화안을 성사시켜 1987년에 노벨평화상을 수상하였다.

그는 코스타리카가 이탈리아 월드컵에서 선전을 거듭하자 축구대표팀에 연일 축전을 띄우기도 했다. 이때 코스타리카는 C조에서 브라질, 스코틀랜드, 스웨덴과 한 조에 속했었는데, 세계최강 브라질에 0대 1로 패했지만, 스코틀랜드를 1대 0, 스웨덴을 2대 1로 각각 물리치고 2승 1패로 브라질과 함께 16강에 겨루는 2라운드에 진출했다.

당시 E조에서 벨기에(0대 2), 스페인(1대 3), 그리고 우루과이에 0대 1로 패해 3전 전패로 보따리를 싸야 했었던 한국과는 대조를 이뤘다. 또한, 아리아스 대통령은 축구전문가 다운 발언으로도 화제를 모았었다.

1990년 6월 16일 델레 알피 스타디움에서 벌어진 B조 예선 경기에서 코스타리카가 브라질과의 예선에서 전반 33분 뮬러의 결승골로 0대 1로 패하자 불만을 털어놓았다. "역시 아프리카 심판들은 위치 선정이 좋지 않다. 본인은 공정하게 보려고 하지만 위치 선정이 나쁘면 반칙, 업사이드 등의 상황이 일어날 때 올바른 판정을 내리지 못할 경우가 종종 있다."며 코스타리카가 한 골을 허용할 때 튀니지 심판 나지 주이니가 뮬러의 공격자 파울을 보지 못한 것을 꼬집기도 했다.

그는 코스타리카가 2라운드에서 체코슬로바키아를 만났을 때도 대부분의 축구전문가들과는 다른 견해를 나타냈다.

당시 체코슬로바키아는 A조 예선에서 홈팀 이탈리아와의 경기에서는 졸전 끝에 0대 2로 패했지만, 미국에게는 무려 다섯 골을 뽑아내면서 5대 1로 대승을 거둬

'도깨비'팀으로 불렸었다. 그래서 많은 전문가들은 코스타리카의 수비가 약간 불안하기는 하지만 공격진이 막강해서 체코슬로바키아에게 어렵지 않게 이길 것으로 예상하고 있었다. 그러나 아리아스는 "축구 스타일상 코스타리카는 체코슬로바키아에 크게 고전할 것이다. 기술 축구를 하는 코스타리카 선수들은 거칠게 수비를 하는 체코슬로바키아에 자신이 갖고 있는 실력을 보여주기 어렵다"고 전망했다. 결국 아리아스의 예상이 맞았다. 코스타리카는 체코슬로바키아 선수들의 거친 플레이에 말려들어 1대 4로 대패를 당해 탈락하고 말았다. 그러나 아리아스의 말대로 코스타리카는 이탈리아 월드컵 진출 이후, 월드컵 본선 단골국가가 되었다.

특히 2002 한·일 월드컵 때는 C조 예선에서 중국을 2대 0으로 꺾고 터키와도 1대 1로 비겼지만, 난적 브라질에 2대 5로 대패해서 16강에 오르지 못했고, 2006년 독일월드컵에서 아리아스는 1990년 대통령직에서 물러난 지 16년만에 다시 대통령에 재선돼서 독일 현지까지 날아갔다.

2006년 2월 대통령 선거에서 재선된 아리아스 대통령은 첫 번째 해외 순방 행사로 독일과의 월드컵 개막전을 택했다. 경기 참관 전에는 호르스트 쾰러 독일 대통령, 메르켈 총리 등과 만나 저개발국 부채 탕감 문제 등에 대해 의견을 교환하기도 했다.

아리아스 대통령은 독일 헬무트 슈미트 전 총리와 회담을 앞두고 또 다시 엉뚱한 발언을 했다.

"만약 독일과 코스타리카의 월드컵 개막전에서 코스타리카가 이기면 6리터짜리 독일맥주를 마실 것이다."라고 말한 것이다.

2006년 독일월드컵부터 '전 대회 우승팀 월드컵 자동출전' 제도가 없어져서 2002 한·일 월드컵 우승팀 브라질 대신 개최국 독일이 개막전을 갖게 되었다. 당시 개최국 독일은 A조에 속해 코스타리카와 개막전을 치르게 된 것이다.

2006년 6월 10일 뮌헨 알리안츠 아레나에서 벌어진 독일 대 코스타리카의 개막전에서 코스타리카는 독일에 2대 4로 패해, 현장에서 관전을 하던 아리아스 대통령이 고통스럽게 6리터나 되는 맥주를 마시지 않게 했다. 그 경기에서 독일의 필립 람, 토르스텐 프링스가 각각 전반 6분과 후반 41분 대포알 같은 슛을 터트렸는데, 아리아스 대통령이 또 그 두 번의 슛을 거론했다.

"이번 독일월드컵 때 사용될 공인구(팀 가이스트)는 너무 가볍다. 골키퍼들이 재앙을 맞이할 것 같다"

그의 예상대로 코스타리카는 에콰도르에 3골(0대 3), 폴란드에 2골(1대 2) 등 9골이나 내 주면서 탈락하고 말았다.

아프리카의 검은 표범 이디 아민

- 아프리카의 정상들

말 안 듣는 장관 링 위로 끌어올려
난타한 이디 아민

　아프리카의 전형적인 흑인 이디 아민은 키 193cm에 몸무게 130kg의 거구다. 그런데 이디 아민은 체격만 큰 게 아니다. 1951년부터 1960년까지 10년 동안 아프리카 우간다의 복싱 라이트 헤비급 챔피언 출신이었다. 복싱은 그 스피디한 동작과 순간적인 판단이 요구되는 두뇌의 작용, 30분 이상 링 위에서 상대를 가격하고 피하고 맞으면서 버틸 수 있는 지구력과 힘의 배분 등을 통해 볼 때 현대 스포츠가 요구하는 모든 조건을 충족시키는 훌륭한 스포츠임에는 틀림없다. 그러나 이디 아민은 복서로서의 장점을 대통령이 되어 국민들을 지배하는 데 십분 악용했다.

　그는 자신이 집권하던 1978년 우간다와 국경분쟁이 잦은 탄자니아의 줄리어스 니에레레 대통령에게 "양국 대통령 간 권투시합을 해서 국경문제를 해결하자"고 황당한 제안을 하기도 했다.

당시 우간다와 탄자니아는 국경선을 따라 흐르는 카제라 강을 놓고 국경분쟁을 벌이고 있었다.

한 술 더 떠서 자신이 왕년의 우간다 라이트 헤비급 복싱 챔피언인 만큼 경기를 공평하게 하기 위해 자신은 한 손을 묶고 양 다리엔 무거운 짐을 달아맨 채 링에 오르겠다고 제의했다. 이렇듯 엉뚱한 제의는 결코 농담이 아니었다. 그는 공보담당관에게 자신의 제의를 정식으로 공표하게 했다. 물론 이 황당한 제의는 탄자니아 측에서 일언지하에 거절한 탓에 성사되지 않았다.

아마 그는 로마시대에 횡행했었던 '미르멕스', 즉 뾰족하게 튀어나온 쇠가락지를 열손가락에 끼고 하는 복싱이라도 하고 싶었을 것이다. 미르멕스 복싱은 필히 상대 선수에게 중상을 입히거나 사망에 이르게 했었다.

미르멕스 복싱이 너무 잔인하다고 해서 등장을 한 것이 캐스트스, 즉 쇠장갑이었다. 기원전 486년부터 18년간 지금으로 말하면 세계챔피언을 지낸 그리스의 덴아젠스 선수는 2102번을 싸워서 무려 1800명을 합법적으로 죽인 '살인기계'였다. 복싱이라는 이름을 빌린 학살이었다.

1976년 일본의 프로레슬러 안토니오 이노끼와 무하마드 알리가 세기의 대결을 펼쳐 세계적인 관심을 모았었는데, 당시 '알리-이노끼'의 대결이 끝나자 이번에는 이디 아민대통령이 나섰다.

그는 "알리가 심판을 본다면 나도 이노끼와 격투를 벌이겠다."고 전격 제의를 한 것이다. 성사되지는 않았지만 현직 대통령이 지금으로 볼 때 이종 격투기를 하겠다고 나선 것이다.

이디 아민은 대통령 재직시절에 수시로 복싱 글러브를 끼고 직접 우간다 복싱 대표 선수들을 지도하기도 했으며, 각료들 가운데 마음에 들지 않는 사람이 있으면 링 위로 불러 올려 3분 3라운드 동안 실컷 두들겨 패 주기도 했다. 복싱을 하지 않은 사람은 글러브를 끼고 링 위에서 1분만 지나도 헉헉 대기 마련인데, 무려 9분 동안 무서운 펀치를 퍼 부은 것이다. 당시 이디 아민에게 링 위에서 합법적으로 두들겨 맞은 각료들은 최소한 경상 아니면 전치 10주 이상의 중상을 당하는 경우도 있었다. 아마 그가 3회전 이상 뛸 체력이 남아 있었다면 사망하는 각료도 나왔을 것이다. 심지어 이디 아민은 자신이 각료를 코너에 몰아넣고 강력하게 몰아붙일 때 심판이 클린치 선언을 하고 두 사람을 떼어 놓자 심판을 가격해서 실신시키기도 했다.

복서 출신이 비록 링 위에서 글러브를 끼었다고 해도 일반인을 상대로 주먹을 휘두르는 것은 마치 어른이 아이를 상대로 폭행을 하는 것처럼 비인간적인 행위라고 할 수 있다. 한 마디로 링 위의 무법자였다. 그는 복싱에서 익힌 파워를 국민들을 포악하게 지배하는 데 이용했다. 이디 아민은 포악한 통치로 영국의 처칠이 '열대의 정원'이라고 했던 우간다를 '아프리카의 지옥'으로 전락 시켰다.

이 같이 이디 아민이 포악한 정치인이 된 이유는 정서적으로 전혀 인간이 되어 있지 않은 문맹이었기 때문이었다. 대통령 재임시절 자신이 총장으로 있는 우간다 국립대학에서 박사학위를 받았지만, 사실 까막눈이었다. 그가 비록 8년밖에 집권하지 않았지만, 그가 저지른 만행은 인류 역사상 가장 참혹한 것으로 알려지고 있다.

자신의 냉장고에 정적의 머리를 넣어 놓고 수시로 꺼내 보며 즐겼고, 사형당한 시체를 자신이 기르던 악어에게 먹잇감으로 주는가 하면, 자신과 이혼을 한 전처가 자신의 아이를 낙태 시키자 전처는 물론 시술한 산부인과 의사까지 죽여서 서로의 팔과 다리를 바꿔서 봉합시키기도 했다.

이디 아민의 폭정을 참지 못해서 군부가 들고 일어나자, 그 화살을 밖으로 돌리기 위해 탄자니아를 침공했다. 그러나 탄자니아의 역습을 받아 수도까지 함락 당하자 중동으로 탈출, 사우디아라비아에 정착해서 연명하다가 2003년에 사망했다.

월드컵 축구를 정적 제거용으로 이용한 모부투 대통령

 전 세계의 모든 축구선수의 꿈은 지구촌 최고의 축구 잔치 월드컵 본선에 출전해서 한 경기라도 뛰어 보는 것이다.

 지구라는 행성에서 수많은 축구선수들이 '월드컵 본선출전'의 꿈을 갖고 축구공을 차기 시작하지만, 정작 월드컵 본선의 꿈을 이루는 선수는 4년 마다 736명뿐이다. 그것도 본선에 오르는 나라가 32개국이 되었던 1998년 프랑스 월드컵 때부터 계산을 한 것이다. 그러나 월드컵 본선에서 벤치에 앉아 감독을 하는 영광을 누리는 축구 감독은 4년에 겨우 32명씩 나온다. 1년에 8명인 셈이다. 그런데 천우신조(天佑神助) 기회를 얻어 월드컵 본선 감독이 되었는데도 불구하고 끝까지 대표팀을 지휘하지 못하고 중도 탈락한 감독이 2명 있다.

한 사람은 불행스럽게도 한국의 차범근 감독이고, 또 한 명은 아프리카 자이레의 비디치 감독이다.

차범근 감독은 1998년 프랑스 월드컵 조 예선 첫 경기에서 멕시코에 1대 3으로 역전패 당하고, 두 번째 맞붙은 네덜란드와의 경기에서 0대 5로 참패를 당하자 현지에서 해임되어 중도 귀국을 했다. 한국 축구는 김평석 코치를 임시 사령탑으로 마지막 벨기에 전을 맞이했지만 1대 1 무승부를 기록해 예선 탈락했다. 결과적으로 벨기에와의 경기에서 대승을 거뒀더라도 탈락하기는 마찬가진데 왜 차범근 감독을 서둘러 경질을 했는지 모르겠다. 그런데 자이레의 비디치 감독의 중도 탈락은 차 감독과 경우가 달랐다.

자이레는 1974년 서독월드컵 아프리카 예선에서 돌풍을 일으키면서 1위를 차지해 사상 처음으로 월드컵 본선에 올랐다. 당시는 월드컵 본선 티켓이 아프리카에는 한 장밖에 주어지지 않아서 본선에 오른 것만 해도 정말 대단한 업적이 아닐 수 없었다.

1974년 서독월드컵에서 자이르는 2조에 속했다. 2조에는 자이레와 함께 4년 전인 1970년 멕시코월드컵에서 우승을 차지해 '월드컵 본선 3차례 우승'으로 줄리메컵을 영구히 소유하게 된 축구의 나라 브라질과 동구권의 축구강국 유고슬라비아 그리고 스코틀랜드가 속해 있었다.

서독월드컵 개막전은 2조의 브라질과 유고슬라비아가 가졌다. 월드컵 개막경기는 통상 개최국이 해 왔었지만, 서독은 월드컵 3번 우승으로 줄리메컵의 영구 소유권을 차지한 브라질에 양보한 것이다. 그런데 브라질은 지난 대회 챔피언으로 월드컵을 완전히 소유한 팀의 위용을 갖고 있지 못했다. 축구황제 펠레를 비롯해서 게르손, 토스타오 같은 세계적인 스타플레이어들이 브라질 국가대표에서 은퇴를 했고, 펠레와 함께 멕시코월드컵에서 브라질의 공격을 이끌었던 자일징요가 간판스타로 버티고 있을 뿐이다. 브라질은 개막전에서 졸전 끝에 유고슬라이바와 득점 없이 0대 0으로 비겼다.

자이레는 6월 14일 벌어진 스코틀랜드와의 첫 경기에서 선전을 했지만 전반 26분 로리머, 전반 33분 조르단에 잇따라 2골을 허용해서 0대 2로 패했다. 사실 자이레의 전력은 스코틀랜드와 4~5골 이상 차이가 났다. 그러나 세계적인 명장 비디치 감독이 벤치에서 버티고 있었기에 그나마 2골 차로 줄인 것이다. 비디치 감독은 유고슬라비아(현재 세르비아-몬테네그로) 팀과의 경기를 앞두고 전략을 짜고 있었다. 그러나 자이레의 모투부 대통령은 비디치 감독을 전격적으로 해고했다. 비디치 감독이 유고슬라비아 출신이라 경기에 최선을 다하지 않는 것은 물론 오히려 유고슬라비아 편을 들 것이라는 어처구니없는 발상에서 나온 해괴 망칙한 결과였다. 만약 그런 상황이 우려된다면 수개월 전 유고슬라비아와 한 조로 편성되었을 때 다비치 감독을 경질해야 했다. 그러나 엉뚱하게 1차전에서 선전을 한 디비치 감독을 경질한 것이다.

 독재자 한 마디에 자이레 팀의 단장으로 가 있던 체육부장관이 졸지에 임시감독이 되었다. 자이레 팀은 축구 문외한인 체육부장관이 감독이 되었으니 작전이고 뭐고 없었다. 더구나 스코틀랜드와의 경기에서 펄펄 날던 선수들이 유고슬라비아와의 경기에서는 뛰려 하지 않았다. 전반 17분까지 3골을 허용하자 체육부장관은 카자디 골키퍼를 투비알란두 선수로 교체 했다. 단지 골키퍼를 바꾸면 골을 덜 허용할 것이라는 단순한 생각에서였다. 골키퍼가 바뀌었지만 자이레의 골문은 유고슬라비아의 공격진에 마구 유린당해 전반전에만 3골을 더 허용했고, 그나마 후반전에는 유고슬라비아의 느슨한 플레이로 3골만 내 줘 0대 9로 대패하고 말았다.

월드컵 본선에서 0대 9의 스코어가 나온 것은 1954년 스위스월드컵에서 한국이 푸스카스가 버티고 있는 헝가리에 0대 9로 참패를 당한 이후 최다 점수 차의 완봉패였다. 독제가 모부투의 어이없는 국수주의가 참극을 낳은 것이다. 그는 자이레가 유고슬라비아에 0대 9 핸드볼 스코어로 패하자 기다렸다는 듯이 현지에서 자신의 정적이었던 체육부장관을 경질했다.

모부투는 국민들의 환심을 사기 위해서 자신에게 껄끄러웠던 야당 성향의 인사를 국무위원에 선임했었는데, 그 가운데 한 명이 체육부장관이었던 것이다.

체육부장관이 물러나자 자이레는 브라질과의 마지막 경기에서는 비교적 선전을 해서 3골만(0대 3) 내주고 귀국 보따리를 쌌다.

자이레는 이후 월드컵 무대에서 모습을 드러내지 못하고 있다. 나이지리아, 카메룬, 가나 등 다른 아프리카 국가들의 경기력이 몰라보게 향상되는 동안 답보상태를 면치 못하고 있기 때문이다. 자이레의 월드컵 본선 성적은 3패에 1골도 넣지 못하고 14골을 허용, -14골로 기록되어 있다. 그는 월드컵 본선에서 참패를 당한 선수들이 귀국을 한 후 자이레 국가를 망신시켰다는 이유로 아프리카 지역 예선에서 1위를 차지해 서독월드컵 본선에 진출한 기념으로 하사했었던 집과 자가용들을 모두 몰수하는 추태를 부리기도 했다. 모부투는 1980년 초 전두환 대통령 집권 당시 한국을 방문한 바 있고, 당시 모부투 대통령 방문기념 우표까지 발행했다.

아프리카에 월드컵을 처음 유치한 만델라

　남아프리카에서는 만델라가 1993년 노벨평화상을 받은 이후 1994년부터 흑인들이 처음으로 참정권 행사하기 시작했다. 흑인들의 투표 참여로 만델라가 남아프리카 사상 처음으로 흑인대통령으로 선출될 수 있었다.
　백인들은 만델라가 대통령이 된 이후, 수백 년 동안 아파르트헤이트 정책에 의해 희생을 당한 흑인들의 보복이 두려웠다. 그러나 만델라는 흑인과 백인이 상생하는 '통합의 정치'를 베풀었고, 아파르트헤이트에 대해서 용서와 화합을 강조하는 과거사 청산을 실시했다.
　흑인을 공산주의자로 몰아 탄압을 하거나 화형 등의 잔악한 방법으로 죽인 백인 가해자가 진심으로 뉘우치는 것을 보고 사면을 해주기도 했다.
　넬슨 만델라는 대통령 재직시절 스포츠를 통해 흑백통합을 이뤄냈다.

남아공에서 흑인들은 축구를 즐겨하고, 백인들은 럭비를 좋아한다. 남아공은 1995년 럭비월드컵을 개최했고, 그해 6월 24일 남아공 엘리스파크 경기장에서 열린 럭비월드컵 결승전에서 남아공은 뉴질랜드 대표팀과 맞붙었다. 그는 그날 남아공 럭비 대표팀 유니폼인 '스프링복스'를 입고 경기장에 나타났다. 흑인 단체들이 백인 우월주의의 상징이라고 한 바로 그 옷이었다.

남아공 럭비 대표선수들은 만델라의 행동에 감동했다. 그리고 연장전을 벌인 끝에 뉴질랜드 대표팀을 물리치고 우승을 차지했다. 경기장을 찾은 6만여 백인 관중은 일제히 환호했고, 누구랄 것도 없이 "넬슨, 넬슨"을 열렬히 외쳤다. 백인인 남아공 대표팀 주장 프랑수아 피에나르는 등번호 6번이 찍힌 유니폼을 만델라 대통령에게 건넸고, 두 사람이 포옹하는 순간 남아공의 높은 흑백 장벽은 눈이 녹듯이 녹아내렸다.

만델라는 곧이어 월드컵축구대회 유치에 나섰다. 그동안 월드컵은 주로 유럽, 남북미 대륙, 아시아에서만 열렸다. 아프리카에서의 월드컵은 막대한 개최비용 등으로 생각도 못할 때였다.

일부 백인들과 정적들은 남아공화국이 월드컵을 개

최하기에는 시기상조이고, 20~30년 후에나 가능하다고 반대했다. 그러나 만델라는 그들을 설득했다.

"이제 아프리카, 아니 남아프리카 공화국에서도 월드컵을 개최할 때가 되었다. 아니 올림픽이라도 열 수 있다."고 설득했다. 남아공은 월드컵을 개최하기 전까지 월드컵에서의 성적이 매우 초라했다.

1998년 프랑스 월드컵, 2002 한·일 월드컵 본선에 올랐었지만, 번번이 조 예선에서 탈락했었다. 98 프랑스 월드컵에서는 C조에서 사우디아라비아(2대 2)와 덴마크(1대 1)와는 비겼지만 개최국 프랑스에 0대 3으로 패해 2무 1패로 탈락했다.

2002 한·일 월드컵에서는 B조에서 슬로베니아를 1대 0으로 꺾었지만 파라과이와 2대 2로 비기고 스페인에게 2대 3으로 져서 1승 1무 1패를 기록해서 승점 4점을 올렸지만 파라과이와 골득실에 밀려 탈락했다. 남아공은 두 번의 월드컵에서 모두 예선 탈락을 했지만 아프리카 최초로 월드컵을 개최함으로써 아프리카 축구의 선구자임을 입증했다.

남아공은 2000년 국제축구연맹(FIFA) 총회에서 독일에 불과 1표 차이로 2006년 개최지를 독일에게 넘겨주며

눈물을 삼켰지만, 4년 뒤에는 아프리카 대륙 최초로 2010년 월드컵 개최권을 따냈다. 당시 86살의 만델라가 FIFA 집행위원들에게 진심으로 호소하고 가슴으로 다가간 덕분이었다.

개최지 발표 현장에 있던 만델라는 "지금 이 순간 내가 마치 50세 청년처럼 느껴진다."며 월드컵 유치를 회춘(回春)의 기적에 비유하기도 했다.

남아공은 2010 남아공월드컵에서 비록 조 예선에서 탈락했지만, 메카시, 피에나르 등 흑백조화를 이룬 월드컵 축구 대표선수들이 한 팀을 이뤄 탄탄한 팀워크로 전 세계 축구팬들을 감동시켰다.

그는 남아공월드컵 때 축구 황제 펠레를 만나 "스포츠에는 세상을 바꾸는 힘이 있다, 열정을 불러일으키는 힘, 사람들을 단결시키는 힘이 있다. 인종 간의 장벽을 부수는 일에는 스포츠가 정부보다 더 강력하다."고 감격적인 표정으로 말을 했다.

'킬리만자로의 흑표범'을 잡아낸 설리프 라이베리아 대통령

"아프리카 축구 영웅 조지 웨아는 영원한 축구인으로 ……. 저 설리프는 라이베리아 민주주의 대표팀 감독으로 ……."

2005년 라이베리아 대통령 선거는, 아프리카 최초의 여성 대통령을 노리는 하버드 대학 출신의 엘런 존슨 설리프와 축구 하나로 국민들의 사랑을 받아온 조지 웨아의 박빙의 승부가 펼쳐지고 있었다.

당시 라이베리아는 1980년 말부터 무려 7년 동안이나 내전과 종족전쟁으로 인해 전체 인구 300만 명의 3분의 1이 피해를 입어 20만 명 이상이 사망하고, 80만 명 이상이 집과 일터를 잃어야 했던 불행한 역사를 지니고 있었다. 설리프의 라이벌 조지 웨아는 1995년 국제축구연맹 즉 'FIFA 올해의 선수상'을 수상했고, 유럽축구에서는 골든 볼, CAF 즉 아프리카축구연맹에서도 올해의 선수상 등을 휩쓸며 '올해의 선수상'의 트리플 크라운을 달성했었다. 한 마디로 1995년 세계축구는 조지 웨아로 시작해서 조지 웨아로 끝이 난 것이다. 조지 웨아는 'FIFA 올해의 선수상'으로 받은 상금 전액을 라이베리아의 어린이들을 위한 자선기금으로 쾌척했는데, 당시 한 기자가 조지 웨아에게 '그렇게 어렵게 번 돈을 왜 이름도 모르는 아이들에게 나누어 주는가?'라고 물었을 때, 그는 '당신은 돈이 부모나 친구, 조국보다 더 소중하단 말인가?'라고 반문했다고 한다. 그래서 조지 웨아의 별명이 '아프리카의 맑은 영혼' 또는 '킬리만자로의 흑표범'이었다.

'철의 여성'이라 불리는 설리프는 두 번의 투옥 경험과 두 번의 해외 망명 등의 전력이 말해 주듯이 라이베리아의 민주화를 위해 싸워온 투사였다. 그러나 투사의 이미지가 너무나 강해서 축구영웅 출신에 맑은 영혼의 소유자임을 내세운 조지 웨아에 초반에는 약간 밀리고 있는 실정이었다.

그래도 설리프는 당당하게 '조지 웨아는 영원한 축구인으로 ..... 자신은 민주주의 감독으로'라는 구호를 외치게 된 것이다. 조지 웨아가 축구에서 쌓아온 큰 업적을 인정하면서도 자신이 민주화에 대한 노력을 인정해 달라는 뜻이었다. 또한 자신이 대통령이 되면 조지 웨아가 라이베리아 축구를 위해서 하려 했던 모든 정책을 그대로 실행에 옮기는 것은 물론, 라이베리아의 민주화도 약속대로 수행해 나가겠다고 호소했다.

설리프는 "조지 웨아는 축구 하나로 라이베리아, 아니 아프리카를 평정한 우리 라이베리아가 낳은 역대 최고의 인물이다. 그러나 정치인으로는 아직 유치원 수준이다. 이 어지러운 난국을 수습하기 위해서는 축구 하나 만으로는 곤란하다. 그동안 민주주의를 이론과 실천으로 또 온몸으로 배우고 느껴온 내가 적임자다."라고 주장을 했다. 결국 라이베리아 국민들은 축구 영웅 조지 웨아 대신 민주투사 설리프를 택했다.

설리프 대통령은 이듬해인 2006년 1월, 대통령에 취임, 내전의 상처를 치유하고 경제 발전 및 민주적 제도 확립에 전력을 기울이는 한편, 정적인 조지 웨아가 내 세웠던 축구인프라를 구축하는데도 많은 신경을 썼다. 그녀는 라이베리아의 축구협회의 연간 예산을 대폭 인상시켰다. 그녀는 2011년 10월 7일 노벨상을 수상했고, 4일 후인 10월 11일에 치러진 대통령 선거에서 재선에 성공해 2017년까지 집권하게 된다.

  설리프 대통령은 2014년 또는 2018년에는 라이베리아 최초로 월드컵축구대회 본선에 오를 수 있도록 모든 지원을 아까지 않겠다고 공약을 했는데, 과연 지켜질 지는 의문이다.

축구해설가 뺨치는 시진핑

- 아시아 오세아니아주의 정상들

축구 해설가 뺨치는 축구 마니아 시진핑

"이장수 감독은 중국 축구를 한 단계 업그레이드 시킨 명장이에요."

2012년 8월, 베이징 인민대회당에서 열린 한·중 수교 20주년 경축 기념식장에서 시진핑 부주석은 이장수 감독을 언급했다. 당시 시진핑은 이규형 주중한국대사 등과 축구를 화제로 대화를 나누던 중 "20여 년 전에는 중국, 한국, 일본 축구의 수준이 비슷했는데 지금은 한국 축구가 강하다."고 말했다.

이에 이 대사가 "얼마 전에 한·중 프로축구팀 간 대결에서 중국팀이 대승을 거둔 적도 있다."고 시진핑에게 접대성 발언을 했다. 그러자 시진핑이 놀라운 얘기를 꺼내는 것이 아닌가?

그는 이 대사의 말을 받아 "아! 그 때 한국 프로축구팀을 이긴 중국 프로축구팀은 광저우 헝다팀이에요. 당시 광저우 헝다팀은 한국인 이장수 감독이 맡고 있었을 때였어요."라고 답해 해박한 축구 지식을 보여 주었다.

시진핑의 이어진 말은 그 자리에 있던 사람들은 벌어진 입을 다물지 못했다.

그는 "그날 광저우 헝다가 전북 현대에 아마 4골 차(5대 1)로 이겼을 거예요. 그런데 광저우의 승리는 용병들 때문이었어요. 광저우가 수십억 원의 몸값을 주고 데려온 클레오, 콘카, 무리키 등의 용병들은 아시아 선수들보다 한 수 위였어요. 그래서 저는 광저우 헝다가 전북 현대에 이긴 것은 용병들 덕이기 때문에 중국 축구가 한국 축구를 이긴 게 아니라고 생각해요."

광저우 헝다는 콘카를 1,200만 달러의 이적료를 주고 데려왔고, 클레오와 무리퀴도 각 320만 유로, 350만 달러의 이적료를 주고 스카우트 해왔다. 그는 5개월 여 전에 있었던 당시 상황을 정확하게 알고 있었다.

시진핑은 2012년 10월 베이징 궈안 팀을 방문해서도 선수들에게 따끔한 말을 했다.

그는 "지난해 9월 우리나라가 친선경기에서 브라질에 0대 8로 패한 것이 우리나라 축구의 현주소다. 그런데 수퍼리그(중국 프로축구) 팀들이 외국선수 보유와 경기

출전을 더 늘리려 하는 것은 맞지 않다. 중국 축구의 발전을 위해서 당분간 외국선수들이 수퍼리그에서 뛰는 것이 필요하지만, 그 숫자를 점점 줄여 나가서 우리나라 선수들이 실전 경험을 많이 쌓는 것이 중요하다."고 중국 축구의 현실을 날카롭게 비판했다.

시진핑은 축구선수 생활을 하지는 않았지만, 1980년대부터 중국 내에서 벌어지는 축구 빅게임은 빼놓지 않고 직접 관전하고 있다. 그가 2011년 미국을 방문했을 때 미국 측은 시진핑이 스포츠를 좋아하는 것을 간파하고, 즉 로스앤젤레스에서 미국 남자프로농구 NBA 경기를 관람할 수 있도록 했다. 농구장에는 시진핑과 함께 전설적인 NBA 가드 출신의 매직 존슨과 미국 프로축구 팀에서 뛰고 있는 영국의 미남 축구 스타 데이비드 베컴이 함께 했는데, 두 스타플레이어가 각각 자신이 활약했던 종목의 유니폼에 사인을 해서 시진핑에게 선물을 했다. 그런데 시진핑이 매직 존슨의 농구 유니폼 보다 베컴에게 받은 축구 유니폼을 더 좋아했다고 한다.

시진핑은 베컴에게 "나는 당신의 팬이다."라고 말한 후 궁금한 것을 묻기도 했다.

"그렇게 정확한 프리킥을 차기 위해서 따로 킥 훈련

을 하느냐?"

"모든 훈련이 끝난 후 30분 내지 1시간 정도 킥 훈련을 한다."

"프리킥이 골로 들어갔을 때 어떤 기분이냐?"

"말로 표현하기 힘들다."

그는 그에 앞서 2008년 7월 15일 친황다오(秦皇島)에 위치한 올림픽 스타디움을 찾았을 때와 2012년 2월 아일랜드를 방문했을 때는 그라운드에 내려가서 직접 공을 차기도 했다. 두 차례 모두 축구화가 아닌 일반 구두를 신고 킥을 했는데, 시진핑의 킥 실력은 조기축구 수준을 넘어서는 것으로 보였다.

2011년 7월 4일 시진핑이 내한(來韓)했을 때 당시 민주당 대표였던 손학규 의원이 박지성의 친필 사인이 담긴 축구유니폼을 선물했다. 시진핑은 선물을 받자 크게 웃으면서 손 대표에게 말했다.

"내게 3가지 소원이 있다. 하나는 중국축구가 또 한 번 월드컵 축구대회 본선에 오르는 것, 두 번째는 중국에서 월드컵 축구대회를 개최하는 것, 그리고 세 번째 중국이 월드컵 축구대회에서 우승하는 것을 보는 것." 이라고 말했다.

중국 축구계에서는 시진핑이 축구에 대한 지원을 아끼지 않을 것이기 때문에, 시진핑이 있을 때 중국이 월드컵 축구대회를 개최하는 것까지는 어렵지만, 2002 한·일 월드컵 축구대회에 이어 두 번째로 월드컵 본선에 오르는 것은 가능할 것으로 기대를 하고 있다.

중국은 사회주의 국가이기 때문에 축구클럽을 운영하는 기업에 세금 감면과 대출 편의 등 다양한 혜택을 주는 것이 가능하다.

실제로 중국에서는 시진핑 부주석이 정권을 잡기 전부터 대기업들이 축구에 대한 투자에 관심을 모이기 시작했다. 수퍼리그 16개 팀 가운데 중국 감독보다 비싼 몸값의 외국감독이 팀을 맡고 있는 팀이 더 많다.

그의 아이디어로 중국축구협회도 유망주 육성 등 인프라 확충에 힘쓰고 있다. 협회는 2011년부터 유망주들을 유럽으로 유학을 보내는 장기 프로젝트를 시작했다.

90살이 넘어서도 밤새 월드컵 지켜본 등소평

등소평의 축구 사랑은 프랑스 유학시절부터 시작되었다. 등소평은 중국(당시 중공)에 있을 때는 별로 축구를 접할 기회가 없었다. 그래서 축구라는 스포츠가 있는 건 알았지만 그다지 관심을 보이지 않았다. 그러나 프랑스에 유학할 때 우연히 프랑스 축구를 보고는 홀딱 반하고 말았다. 등소평은 주말마다 축구장을 찾았다. 축구 입장권을 살 돈이 떨어지자 가장 아끼던 외투를 팔기도 했고, 나중에는 책을 팔기도 했다. 그러니 거짓말이 늘었다. 중국의 집에는 '사고를 쳤다', '등록금이 올랐다'는 등으로 꾸며 댈 수밖에 없었다.

중국의 최고 지도자가 된 이후에도 '축구사랑'은 계속되었다. 1990년 이탈리아월드컵 축구대회는 현지에서 중계되는 경기를 한 경기도 놓치지 않고 시청했다. 경기를 지켜만 보는 게 아니라 경기내용을 메모하고 토론을 하기도 하였다.

특히 결승전이 끝난 뒤 "아르헨티나가 서독에게 도저히 질 수 없는 경기였다. 부르차가를 칼데론과 바꾸는 타임이 더 빨랐어야 했고, 마라도나 역시 후반 중반 이후 교체를 했어야 했다."고 전문가처럼 평해 주위사람들을 깜짝 놀라게 했다.

1994년 미국 월드컵 때 중국에서는 하루 3경기 치러지는 경기를 모두 생방송을 했다. 등소평은 90살 고령이었지만 북경으로 새벽 1시 전 후에 방영된 축구 경기를 50경기 이상 생방송으로 시청을 했다. 그리고 나머지 2경기는 녹화테이프로 봤다.

그의 딸 등용에 의하면 "월드컵 경기가 벌어지던 한달 동안 아버지는 거의 축구만을 보신 것 같았다. 새벽 3시까지 생방송으로 보시고, 아침 10시쯤 일어나서는 나머지 2경기를 녹화로 보시고, 저녁에는 친구나 측근들과 전화로 축구 경기에 대한 평을 하고……."

그는 평소 중국 축구가 세계는커녕 아시아무대에서도 중위권에 머물고 있는 것을 안타까워했었다. 그리고 중국 축구가 월드컵 본선에 오르는 것을 보는 것이 평생의 소원이라고 했었다. 그는 축구를 거의 광적으로 좋아하기는 했지만 그렇다고 축구만 편식 한 것은 아니었다. 수영을 즐기기도 했고, 틈틈이 탁구를 치기도 했다. 그는 "내가 90살 이상 건강하게 살고 있는 것은 오랫동안 수영을 했었기 때문일 것이다."라 말하곤 했다.

덩사오핑이라고도 불리는 등소평은 1904년 소비에트 연방 모스크바 중산(中山)대학에서 수학하였다.

1982년 중국공산당 중앙위원회 주석이 되었고, 1994년 사실상 은퇴했다. 1997년 2월 19일 중국 베이징에서 93세 일기로 사망했다.

서남아시아의 '스포츠 광' 모하메드 레자 팔레비

"1980년 모스크바올림픽 다음으로는 테헤란에서 올림픽을 열겠다."

1976년 몬트리올 올림픽을 관전하러 온 당시 이란의 모하메드 레자 펠레비 왕은 캐나다 언론을 통해 앞으로 8년 후에 올림픽을 유치하겠다고 당당하게 말했다. 당시만 해도 아시아에서는 1964년 도쿄올림픽을 개최했던 일본만이 아시아에서 유일한 올림픽 개최국의 지위를 누리고 있을 때였다.

무진장한 석유자원을 바탕으로 엄청난 규모의 경기장을 사막 위에 건설한 후, 1974년 테헤란 아시안게임을 보란 듯이 개최했던 팔레비 왕의 말이었기에 신빙성이 있어 보였다.

당시 몬트리올 시내에 '이란 구국위원회'의 이름으로

수십만 장의 삐라가 뿌려졌다.

"살인마(팔레비 왕)를 평화의 제전 올림픽 무대에서 축출하라는 제목의 삐라에는 팔레비 왕이 수십만의 무고한 시민을 투옥시키고 있고, 수만 명의 무고한 시민을 죽였으며, 석유를 팔아 벌어들인 돈의 8할이 팔레비 왕일가의 손에서 좌지우지 되고 있다."는 내용이었다.

팔레비 왕도 그 삐라를 읽는 장면이 언론에 노출되었다. 그러나 팔레비는 삐라를 읽고는 '허 허' 하고 헛웃음을 지은 뒤 구겨서 쓰레기통에 처박았다.

그는 겉으로는 온화하고 부드러운 표정으로, 보는 사람으로 하여금 매우 인자한 군주처럼 보였다. 그러나 당시 팔레비 왕은 이란에서 파견된 취재기자들에게도 이란 올림픽 국가대표 선수들과 똑같은 유니폼을 입히고 있는 등의 전횡을 휘두르고 있었다.

그는 동생 골람 레자 팔레비를 IOC 위원으로 만든 후, 그 아우를 앞세워 올림픽, 월드컵 축구대회, 각종 세계선수권대회를 빠짐없이 관전하는 '스포츠 광'이었다.

팔레비는 복싱, 축구, 태권도, 레슬링 등 종목을 가리지 않고 스포츠의 '스' 자만 들어가도 좋아했다고 할 정도로 스포츠 광이었다.

이란이 출전하지 않았더라도 빅게임이라면 천리먼 길 마다않고 현장에 나타나곤 했다.

그러나 사람은 한 치 앞을 내다 볼 수 없는 동물이다. 팔레비 왕은 1984년 테헤란 올림픽 개최는커녕, 불과 3년 후인 1979년 '올림픽 개최국의 왕'이 되려는 꿈을 뒤로 한 채 망명길에 올라야 했다.

그는 1919년 테헤란에서 팔레비 왕조를 세운 레자 샤 팔레비의 맏아들로 태어났다.

1931년 육군 유년 학교를 졸업, 스위스 유학을 다녀온 후 아버지에 이어 왕 위에 올랐다.

1958년 미국과 군사협정을 맺은 후 왕권을 강화했고, 1963년 미국의 비호 아래 '백색혁명'으로 불리는 근대화 정책을 펴 나가기 시작했다.

그는 정부의 부패, 석유 수출로 올린 외화의 불공평한 분배, 언론의 자유와 국민의 기본권을 제한해 시민들의 저항에 부딪치기 시작했다.

팔레비는 비밀경찰과 군대를 이용해 자신의 정책에 반대하는 세력들을 강력하게 엄단, 독재를 했다. 결국 1979년 민주화 세력들의 반정부 운동에 밀려 망명길에 오른 후 1980년 이집트 카이로에서 병사했다.

농구 한 경기에 73점을 넣은 캄보디아 국왕 시아누크

농구 한 경기에 혼자서 73점을 넣는다는 것은 축구에서 한 경기 혼자서 10골, 야구에서 혼자서 홈런 5개를 친 것과 마찬가지로 엄청난 개인기록이다.

그런데 한 나라 지도자가 농구 한 경기에서 혼자서 73점을 올리는 믿을 수 없는 일이 벌어졌다.

캄보디아(전 크메르)의 국왕이었던 노로돔 시아누크는 키 1m 70cm가 약간 넘는 왜소한 체격이지만 캄보디아에서는 가장 뛰어난 스포츠맨으로 알려졌었다.

시아누크는 농구, 배구, 축구 등 거의 모든 종목에서 모두 1급 선수로 인정을 받았다. 적어도 캄보디아 매스컴에서는 그렇게 보도를 했었다.

70년대 초반 시아누크가 33세 이상의 각료들로 구성된 팀을 여, 야 둘로 나눠서 농구경기를 했다.

그의 상대팀 각료들은 시아누크가 공을 잡으면 마치 술래잡기라도 하듯 코트 외곽으로 몸을 피하기에 급급했다. 그러면 시아누크는 아무런 제재도 받지 않고 유유히 상대팀의 바스켓에 공을 집어넣었다.

마치 국제경기에서 골을 넣을 때처럼 시아누크가 골인을 시킬 때마다 자기 팀 각료들은 물론 체육관을 꽉 채운 5천여 명의 관중들의 열화 같은 환호가 이어졌다. 그렇게 해서 시아누크는 그 경기에서 혼자서 73득점을 올렸다. 당시는 3점 슛 제도가 없었기 때문에 대부분 골밑슛과 프리드로우로 올린 점수였다. 한 경기 73점은 캄보디아뿐만 아니라 아시아농구 신기록이었다.

경기 결과도 시아누크가 73점을 넣은 여당 팀은 158점을 올린 반면 야당 팀은 겨우 28득점에 그쳤다. 마치 대학생과 중학생의 경기처럼 스코어 차이가 130점이나 났다. 두 팀 선수들은 경기가 끝난 후 누구랄 것도 없이 시아누크 선수를 향해 머리가 코트에 닿을 정도로 허리를 숙여 예의를 표했고, 관중들은 희대의 농구천재 시아누크를 향해 거의 광적인 환호를 보내 주었다. 그는 마치 개선장군이라도 되는 듯 관중들의 환호에 답했고, 손 키스를 날리기도 했다. 그런데 그 경기 결과가 다음날 캄보디아 각 일간지에 정식 경기로 취급되어 1면 톱을 장식한 것이다. 그 경기는 형식적으로 볼 때 정식경기가 맞다. 농구 경기가 벌어진 체육관은 국제 경기를 열어도 손색이 없을 정도로 시설이 완벽했고, 수만 명의 관중이 들어찼고, 자격증을 갖고 있는 심판 2명이 경기를 진행했다. 그러나 그건 분명히 농구경기가 아니라 시아누크를 위한 농구를 매개로 한 '농구 쇼'에 불과했다.

베를루스코니 총리 '싱크로 율'
90퍼센트의 탁신 총리

    2004년 5월 9일 AP통신 등 세계적인 통신들이 태국의 탁신 총리가 프리미어리그 명문팀 리버풀의 주식 30%를 1380억 원에 인수했다고 일제히 보도했다. 그리고 해외 통신사들은 탁신 총리가 리버풀 팀의 지분을 인수한 이유가 이탈리아 베를루스코니 총리의 '축구 정치'를 벤치마킹 하고 있다고 분석했다.

    탁신 총리는 "태국의 축구는 국제축구연맹, FIFA 랭킹이 57위에 머물러 있다. 이를 20위권까지 끌어 올려서 사상 처음 월드컵 본선에 진출시키기 위해 리버풀의 축구팀 운영 노하우를 태국 대표팀 운영에 도입할 것"이라며 리버풀 축구단의 지분 인수를 태국 축구 대표팀 전력 강화에 있는 것처럼 말했다. 그러나 대부분의 해외 통신은 탁신 총리가 리버풀 지분을 인수한 것은 이탈리아 베를루스코니 총리가 이탈리아 세리에 A리그 AC 밀란팀을 인수해서 자신의 정치적 도구로 이용한 바 있는 것을 흉내 내고 있다고 분석을 했다. 그는 이동전화, 방송국 등을 소유하면서 포춘지 '세계 100대 부호'로 선정되었다.

2001년에는 총선에서 압도적인 지지로 당선되어 총리에 취임했다. 태국 국민들은 탁신이 탁월한 사업수완으로 태국 경제에 큰 기여를 할 것으로 기대를 했다. 마치 한국 국민들이 2007년대선에서 경제인 출신의 이명박 후보를 여당 후보에 500만 표 이상 차이로 당선시킨 것과 비슷한 경우였다.

그러나 그는 취임하자마자 탈세 의혹에 시달려야 했고, 이후 태국 남부 이슬람지역 무장세력 108명에 대한 군경의 유혈진압, 막내딸을 대학에 특혜 입학시키려 한 것들이 밝혀지면서 지지율이 급락하고 있었다.

인디펜던트는 "탁신 총리의 리버풀 주식인수는 아시아 전역에서 리버풀 관련 상품 판매의 엄청난 수익을 낼 수 있고, 축구를 매우 좋아하는 태국청년들에게 인기를 얻는 효과를 낼 것"이라고 내다봤다. 또한 가디언은 '한때 하늘 높은 줄 모르던 탁신 총리의 인기가 곤두

박질치자 수많은 태국인들은 값싼 의료비와 주택구입 대출 정책을 들고 나온 포퓰리스트를 보기 시작했었는데, 리버풀 주식인수도 인기회복을 위한 탁신 총리의 전략 가운데 하나'라고 꼬집기도 했다.

이후 탁신은 2006년 프리미어리그 맨체스터 시티팀을 인수했다가 자금 동결로, 2년만인 2008년 아부다비 그룹의 만수르 빈 자이드 알나하얀에게 넘겼다.

탁신 친나왓 총리는 1946년 7월 26일 태어났다. 2001년 2월에 태국 총리가 되었으나, 2006년 9월 19일 UN 총회 참석차 미국을 방문하던 도중 쿠데타가 일어나 실각했다.

WBC 대회에 목매는 아베 신조 총리

"이번 3회 WBC 대회에서 꼭 우승을 해서 3연패를 이 뤄야 합니다."

"네 반드시 우승 하겠습니다."

"그럴 거예요. 우리 일본 야구가 예전보다 몇 배는 강해진 것 같아요."

2013년 1월 23일 일본 프로야구 요미우리 자이언츠 팀의 포수이자 제3회 WBC대회의 일본 대표선수인 아베 신노스케 선수가 총리관저로 일본이 아베 신조 총리를 방문했다.

아베는 친 한파 선수로 잘 알려져 있는 선수이다.

이승엽 선수가 요미우리 자이언츠 팀에서 활약을 할 때 슬럼프를 겪고 있는 이 선수에게 한국어로 된 편지를 보내기도 했다. 당시 편지 내용이 국내에 잘 알려져 있는데, "당신(이승엽)은 나쁠 때도 좋을 때도 거인(요미우리)의 4번 타자입니다. 모두를 끌어가는 선수이니 괴로울 때도 분할 때도 잘 되지 않을 때도 혼자라고 생각하지 마세요. 모두가 뒤에서 지지해 주고 있습니다. 언제라도 말을 걸어와 주세요. 당신은 반드시 할 수 있습니다."라는 내용이었다.

그는 프로스포츠 대상을 받은 아베 선수에게 "수많은 선수 가운데 프로스포츠 대상을 받은 것은 우리 (아베) 가문의 영광이다. 최근 일본 스포츠는 마오(아사다)도 그렇고, 일본 남자 유도(런던 올림픽)도 안 되고, 축구도 런던에서 국민들을 실망시켰는데, 야구는 항상 우리 국민들을 기쁘게 해주고 있다. 마침 내가 처음 총리를 하던 2006년에 1회 WBC 대회에서 우승을 차지했고, 2009년인가 2회 대회에서는 결승전에서 한국을 이기고 또 우승했고, 이제 삼세 번 3번째 우승을 하면 좋겠어요."라고 말했다. 일본은 결국 제3회 WBC 대회에서 4강 진출에 실패 했지만, 항상 우승후보인 것만은 틀림없다.

그는 당시 야구에서 WBC 대회가 갖는 의미, 그리고 일본팀의 국제야구에서의 위치 상대팀들의 전력 등을 모두 꿰뚫어보고 있었다.

일본인들 대부분이 그렇듯, 오랫동안 야구팬인 아베

총리는 아사다 마오가 한국의 김연아에게 밀리고 있고, 일본 남자유도가 런던 올림픽에서 참패를 당해서 결국 한국에 종합 순위에서 뒤졌고, 축구가 동메달 결정전에서도 한국에 0대 2로 패한 것을 의식해서 야구만은 반드시 이겨 달라고 요구를 한 것이다.

아베 총리와 아베 선수는 그날 약 15분간 만났다. 아베 선수는 아베 총리에게 친필 사인이 담긴 타점왕 기념 배트를 선물했다. 아베 총리는 아베 선수와 기념 촬영을 하기도 했다. 아베 총리 앞에서 방망이를 들고 포즈를 취한 아베 선수는 "그런 촬영까지 해줄 줄 몰랐다. 깜짝 놀랐다."며 기쁨을 감추지 못했다.

아베 신조 총리는 어릴 때부터 야구를 좋아했다. 직접 리틀 야구를 하기도 했지만, 보는 것도 좋아했다. 고등학교 다닐 때까지 자신이 응원하는 팀의 일본 프로야구 경기를 빼 놓지 않고 봤다. 직접 경기장에 가서 볼 시간이 없으면 TV 중계를 보거나, 녹화로 해 주는 하이라이트라도 봤다. 그리고 대학 다닐 때부터 양궁에 관심이 많았다. 양궁클럽에 들어가서 양궁을 직접 즐기기도 했고, 지난 2005년부터는 일본양궁연맹 회장을 겸하고 있다.

럭비와 축구 사이에 고민하는
줄리아 길러드 총리

호주의 줄리아 길러드 총리에게 "럭비와 축구 가운데 어느 종목을 더 좋아하느냐?"고 물으면 항상 똑같은 대답을 한다.

"엄마와 아빠 가운데 누가 더 좋으냐고 묻는 것과 똑같다."고 말한다.

길러드는 "럭비는 매우 신사적인 스포츠다. 비록 한 번도 해 보지 않았지만, 룰을 알고 보면 가장 재미있는 스포츠다. 축구는 학창시절에 해 봐서 아는데, 투자한 만큼 반드시 성과를 얻을 수 있는 스포츠다"고 말한다.

그런 그녀가 축구 때문에 엉뚱하게 예산을 배정해서 화제가 되었던 적이 있었다.

지난 2012년 4월, 길러드 총리가 시드니 서부 지역에

8백만 달러의 축구 지원금을 배정했다.

시드니의 서부 지역은 전통적인 노동당 지지 기반이라는 점에서 축구발전 지원금은 2013년 10월경에 있을 총선을 염두에 둔 포석이라는 해석이 나왔었다.

축구 지원금을 배정하기 약 2주전 호주식 풋볼 클럽 팀인 그레이터 웨스턴 시드니 자이언츠(Greater Western Sydney Giants)가 그 지역을 기반으로 정규 시즌에 합류했다.

럭비리그에서는 웨스턴 불독이 시드니 서부를 기반으로 하고 있다. 그런 상황에서 A리그의 신생팀과 연계로 축구 발전을 위해 길러드의 지시로 연방 정부가 8백만 달러의 지원금을 배정한 것이다.

그녀는 "시드니 서부는 커뮤니티 스포츠 시설이 낙후된 지역이다. 지원금은 축구 클럽팀 참여를 증진하고 우수 선수 발굴을 위해 사용될 것"이라고 밝히기도 했다. 그녀가 시드니 서부지역에 배정한 8백만 달러 가운데 1백만 달러는 여자 축구팀 지원에 사용되었다.

길러드 총리는 평소에도 호주의 남자 축구보다는 여자축구가 월드컵 정상에 먼저 다다를 것이라고 주장하고 있다. 실제 호주 축구는 남자는 아시아 정상에 그치고 있지만 여자축구는 탈 아시아 급 실력을 갖고 있다.

지난 2010년 7월 중국 쳉두에서 벌어진 아시안컵 여자축구 대회에서는 결승전에서 북한을 물리치고 우승을 차지했다. 당시 길러드 총리는 "내가 총리가 되자마자 여자 축구가 희소식을 전해 왔다. 우리나라 여자 축구는 아시아 정상이 문제가 아니라 곧 세계정상을 차지할 것이다."라고 예상을 했었다.

그녀는 "호주가 인구(약 2천2백만 명)에 비해 국제대회에서 좋은 성적을 올리는 이유는 선택과 집중을 하기 때문이다. 개인종목은 육상과 수영 그리고 단체 종목은 축구와 럭비에 집중적으로 투자를 해야 할 것이다. 특히 여자 축구는 구기 종목 가운데 유일하게 세계정상에 오를 수 있는 종목이다"고 말한다.

줄리아 길러드 총리는 호주 최초의 여성 총리 겸 영국의 이민자 출신의 총리다. 멜버른 대 재학 시절 호주학생연합(ANU)대표를 맡으면서 일찌감치 학생운동에 투신했었다.

호주의 정가에서는 '여장부'로 불리며 2007년 노동당이 집권하자 부총리 겸 교육·고용·노사관계부 장관이 됐다. 2010년 6월 24일 27대 총리로 취임했다.

여성도 재미있는 축구 경기를 관람할 자격이 있다

마흐무드 아흐마디네자드 이란 대통령은 입만 열었다 하면 화제를 모은다.

마흐무드 대통령은 서방권 옷차림이라는 이유로 이란의 다른 세속 정치인들과 마찬가지로 넥타이를 매지 않는다. 항상 깔끔한 정장을 차려입고 대중 앞에 서는 그는 호리호리한 체구로 인해 단아한 인상을 풍기지만 입을 열었다 하면 이스라엘과 미국을 긴장시킨다.

"이스라엘은 지도상에서 없어져야 한다."

"홀로코스트는 거짓 신화다."

"미국은 평화의 수호자가 아니라 전쟁의 수호자다."

그러한 아흐마디네자드 대통령을 유대인들은 "유대인들의 상처도 모르는 돼먹지 못한 인간"이라고 말한다.

그의 돌출 발언 때문에 급기야 국제축구계에서 이란

축구 대표팀을 월드컵에서 축출해야 한다는 목소리가 높아졌다. 그러자 국제축구연맹의 대변인 안드레스 허렌은 "정치와 스포츠는 엄격히 분리되어야 한다. 이란의 정치인이 한 발언은 국제사회가 대처할 문제"라며 "이란은 본선에 진출했고 이란축구협회가 잘못한 것은 없다. FIFA는 이런 논쟁에 개입하지 않을 것"이라는 공식입장을 밝히기도 했다.

또한 열렬한 축구팬인 영국의 잭 스트로 외무장관은 FIFA의 입장을 지지하면서 "이란 축구팀을 배제하는 조치를 취한다면, 결국 아무 변화도 가져오지 못하면서 독재자의 죄에 대해 일반인을 처벌하는 결과를 초래할 것"이라고 지적하기도 했다. 그는 한 술 더 떠서 이란의 핵무장으로 세계를 긴장시키고 있다. 전 세계가 반대를 하고 있는데도 불구하고 핵 무장만이 이란이 살길이라며 핵무장을 주장한다. 그러나 아흐마디네자드 대통령의 축구에 대한 지극한 사랑은 세계가 알아준다.

그는 '여성의 축구장 입장 허가' 방침을 천명했으며, "축구장에 여성과 가족들이 편안하게 관전할 수 있는 특별석을 만들라."는 지시를 하면서 논란이 시작되었다. 이란에서 열혈 여성 축구팬이 남장을 하고 경기장에 입장 할 필요를 없게 한 것이다. 하지만 이슬람 고위 성직자들은 대통령의 이 같은 결정에 강하게 반발했다. 여성의 축구장 입장허가는 '여성이 다른 남자의 맨살을 보면 안 된다'는 이슬람 율법에 정면으로 배치되는 것이기 때문이다. 그러나 이란 정부는 그의 뜻을 받아들여 여성들의 축구장 출입을 허가했다.

아무튼 아흐마디네자드 대통령이 이슬람의 율법을 거스르면서 까지 여성의 축구경기장 출입을 생각할 정도로 축구 사랑은 대단하다.

이란 축구 대표팀 훈련장에 격려차 방문할 때는 형식적으로 코칭스태프와 선수들을 만나는 게 아니라, 대표팀 유니폼을 빌려 입고 직접 축구 볼을 직접 차보는 것으로 유명하며 축구 실력 또한 뛰어나다. 드리블, 패스, 슈팅 등 축구의 기본동작을 정확하게 구사한다. 그는 축구가 이란 국민들의 사기를 돋우는데 크게 기여 한다고 주장한다.

"원정경기에서는 가끔 실수를 할 수도 있지만 10만 여명이 열렬히 응원을 해주는 홈에서 패하는 것은 이해할 수가 없다"는 것이다.

실제로 이란의 홈구장에서 외국팀이 이기는 것은 마

치 '낙타가 바늘구멍 통과하기'만큼 어렵다는 것이 국제 축구계의 통설이다. 여기서 가장 큰 희생자가 한국축구다. 한국 축구는 2012년 10월17일 이란 테헤란의 아자디 스타디움에서 열린 2014 브라질월드컵 아시아지역 최종예선 A조 4차전에서 후반 29분 자바드 네쿠남에게 결승골을 내줘 0대 1로 패했다. 한국은 그 경기 전까지 이란과 25전 9승 7무 9패를 기록하며 상대 전적에서 전혀 밀리지 않았었다. 그러나 지난 1974년 9월 11일 치른 첫 원정경기에서 패배한 이후 한국은 38년 동안 단 한 번도 이란의 안방에서 승리를 따내지 못했다. 역대 원정 전적은 2무 2패. 그 경기에서 패하면서 이제 2무 3패가 됐다.

이란 원정이란 한국 축구에 있어 그야말로 지옥이나 다름없었다. 지난 1996년 아시안컵에서는 8강전에서 홈팀 이란을 만나 2대 6으로 참패하였다. 이란은 아자디 구장에서 외국 팀과의 A 매치에서 47전 35승 10무 2패의 엄청난 승률을 올리고 있다. 축구왕국 브라질과 축구 종주국 영국을 제외하고는 홈에서 그렇게 높은 승률을 올린 나라는 거의 없다. 그 2패도 사우디아리비아 독일에게만 방심하다 패했을 뿐이다.

동무! 금메달 따면 내래 다해 주갔시오

지구촌에서는 보기 드물게 삼대를 이어 오고 있는 북한 독재자들의 공통점을 아는가? 바로 스포츠를 독재에 이용했다는 점이다. 삼대를 이어 북한의 권력을 잡고 있는 김일성, 김정일, 김정은은 스포츠를 권력유지의 수단으로 이용하고 있다는 공통점을 갖고 있다. 삼대 모두 축구 육상(마라톤) 농구 3종목을 가장 좋아하고, 집중과 선택, 예를 들면 역도 종목 가운데서도 올림픽이나 국제대회에서 좋은 성적을 올릴 가능성이 있는 체급을 집중적으로 육성 하는 등의 정책으로 체제의 우월성을 과시하려 한다.

김일성, 김정일, 김정은 3대가 모두 존경했던 대표적인 스포츠인은 1960년대 걸출한 여성 육상 선수였던 신금단이다. 신금단은 1938년 7월 3일생으로 그녀가 25살이던 1963년 9월 인도네시아 자카르타에서 벌어진 제1

회 가네포 대회 여자 육상 200m 23초5, 400m 51초4 그리고 800m 1분59초1의 비공인 세계신기록을 세워 세계 육상계를 깜짝 놀라게 했다. 그러나 신금단의 세계기록은 가네포 대회*를 정식대회로 인정하지 않는 국제육상연맹(IAAF)으로부터 공인받지 못했다.

당시 김일성은 신금단이 가네포 대회에서 3관왕을 차지한 후 귀국하자 "신금단은 민족의 영원한 영웅'이라면서 북한최고훈장을 수여하는 등 극진하게 대접했다.

1962년 제4회 자카르타 아시안게임을 개최한 인도네시아는 중공과 아랍 국가들을 의식해서 대만과 이스라엘 선수들의 대회 출전을 위한 비자를 발급해 주지 않았다. 이에 대해서 국제올림픽위원회(IOC)는 정치적인 행위라고 규정, 인도네시아를 IOC에서 제명하는 강력한 처벌을 내렸다.

IOC의 제재가 있은 직후, 이에 대항해서 인도네시아 중화인민공화국(중공), 아랍연합공화국의 주도로 유럽, 아시아, 아프리카 등 12개국이 신흥국경기연맹을 창설하고 1963년 11월 10일 인도네시아에서 제1회 가네포

---

* 신흥국 경기대회인데, 통상 영어명칭 그대로 가네포(GANEFO: Games of the New Emerging Forces)라 불린다.

대회를 개최했다. 그러자 IOC는 즉각 가네포 대회를 불인정하고 그 대회에 출전한 선수에게 올림픽 출전권을 박탈했다.

북한 선수단은 1964년 도쿄올림픽에 출전하기 위해 도쿄까지 왔다가 IOC가 올림픽 출전을 불허해서 다시 귀국하도록 되어 있었다.

1964년 10월 9일 북한으로 돌아가기 위해 짐을 꾸리던 신금단에게 귀가 번쩍 뜨이는 소식이 들어왔다. 한국에서 살던 아버지 신문순(당시 49세)씨가 극비리에 딸을 찾아 온 것이다. 두 사람은 6.25 때문에 헤어진 후 10여년 만에 극적으로 만났지만 불과 7분만에 다시 이별을 해야 했다. 두 사람의 눈물어린 사연을 TV를 통해서 본 사람들은 눈물바다가 됐다. '눈물의 신금단'이라는 노래까지 유행했다. 하지만 신금단 부녀는 이후 서로의 얼굴을 다시보지 못했다.

남한 정권은 국민들의 반공 이념이 느슨해질 것을 두려워했고, 북한도 체제가 흔들릴 것을 우려해 신금단 부녀의 이산가족의 상봉을 외면했기 때문이다.

지난 2007년 7월 3일 북한의 '육상 영웅' 신금단씨가 70회 생일을 맞아 김정일 국방위원장으로부터 생일상을 받았다고 북한의 조선중앙방송이 전했다. 중앙방송은 김 위원장이 70번째 생일을 맞는 심금단에게 "우리 인민 최고의 체육인인 압록강체육단 연구사 신금단에게 온정어린 생일상"을 보냈다며 "신금단은 평범한 철도 노동자의 딸을 나라의 어엿한 체육선수로 내세워준 당과 수령의 은덕에 보답하기 위해 육상선수로 활약하면서 국제경기들에서 조국의 영예를 떨쳤다"고 보도했다.

농구광인 김정은도 평소 가장 존경하는 체육인으로 신금단을 꼽을 정도로 신금단은 북한의 3대로부터 모두 존경을 받는 스포츠인이다.

김정은은 북한의 신세대 리더답게 200달러짜리 나이키 스니커즈 운동화를 모으는 취미를 갖고 있다. 그는 미국남자프로농구 NBA 전설 마이클 조던을 가장 존경하고 있고, 마이클 조던이 맹위를 떨치던 시카고 불스의 멤버 토니 쿠코치와 LA 레이커스팀의 스타플레이어 코비 브라이언트와 함께 찍은 사진을 자랑스럽게 간직하고 있다.

2011년 8월, 한 탈북 화가가 뉴욕 맨해튼에서 개인전을 열고 있었다. 당시 갤러리들은 김정일 김정은의 그림에 관심을 집중했는데, 재미있는 그림 하나가 더욱 관심을 모았다. 청색 인민복을 입은 김정은의 왼쪽 가슴에 김일성의 초상화 대신 나이키 로고가 그려져 있었던 것이다.

김정은의 평소 취향을 탈북화가가 파격적으로 그려낸 것이다. 그는 실제 농구하는 것을 좋아했었다. 그가 '박운'이라는 가명으로 스위스에서 유학을 할 때 동료들과 농구 경기를 자주했다. 김정은의 농구에서 포지션이 포인트 가드였는데, 플레이 스타일이 매우 폭발적이었다. 평소에는 얌전하다가도 농구 코트에만 들어서면 눈빛부터 달라졌다. 비록 정식경기는 아니었지만 한 경기에 16개의 어시스트를 기록하기도 했다. 농구 경기가 끝난 후에는 가끔 동료들에게 먹을 것을 사주곤 했다.

김정은은 프랑스에서 NBA 시범경기를 할 때는 먼 길 마다하지 않고 달려가서 경기를 직접 보곤 했었다. NBA 경기를 보고 와서는 그 선수들의 플레이를 흉내 내기 위해서 밤늦도록 체육관에 남아서 훈련을 하기도 했다.

2000년대 초반 북한의 농구선수 가운데는 리명훈 이라는 키 2m 38cm의 거한이 있었는데, 리명훈의 NBA진출을 아버지 김정일에게 건의한 사람이 바로 김정은이었다. 리명훈은 김정은의 추천에도 불구하고 국적 등의 문제로 NBA 진출에는 실패했지만, 엄청난 키로 세계 스포츠계의 화제를 모았었다. 그는 북한에 돌아와서도 우뢰라는 농구팀을 만들어 직접 농구를 즐겼었다.

우뢰 농구팀에는 김정은 외에도 리명훈과 '북한의 마이클 조던'이라고 불리던 박종천 선수도 속해 있었다.

김정은의 농구 수준이 리명훈, 박종천과 한 팀을 이뤄서 정상적인 경기를 할 정도로 뛰어난 것은 아니지만, 그런대로 게임을 치를 정도는 되었다.

남북한 남자농구 친선 경기 때 한국에서도 경기를 한 적이 있는 박종천의 농구실력은 한국의 허 재에 버금갈 정도로 슈팅, 드리블, 패싱 등 3박자를 고루 갖춘 선수였다. 당시 국내 농구인들은 박종천과 허재가 콤비를 이루면 중국과도 해 볼 만하다고 평을 했었다.

한국에서 프로농구가 출범하던 1997년 무렵, 북한에도 프로에 당하는 태풍(남자)과 폭풍(여자) 두 팀이 창단되었다. 태풍과 폭풍이라는 팀 이름은 김정일이 지어서 하사를 했다. 당시 김정일은 "농구는 점수가 많이 나야 제 맛이 나요, 태풍처럼 몰고 들어가 폭풍처럼 점수를 올리라요."라며 남녀 농구팀 명칭을 하사했다. 남자 농구팀, 태풍팀은 평양시 대표팀인 우뢰팀과 라이벌 관계를 형성하기도 했다. 우뢰팀은 1998년 5월 31일 미국대학농구 선발팀과 친선 경기를 갖기도 했다.

김정일의 '농구 로컬 룰(현지에 맞게 룰을 개정하는 것)'은 유명하다. 필드 골은 2점, 프리드로우는 한 골당 1점, 그리고 3점 슛 제도는 국제 룰과 똑같은데, 3점 슛 라인 밖에서 던진 슛이 그물을 건드리지 않고 링을 통과하는 소위 말하는 '클린 슛'은 4점을 주고, 덩크 슛은 3점을 준다. 그리고 경기 종료 2초 전에 넣은 슛은, 그 슛이 골밑 슛이건 3점 슛이건 모두 8점을 주도록 되어 있다. 그러니까 7점을 리드 당하고 있더라도 경기종료 2초 전에 슛을 성공시키면 역전승을 할 수 있는 것이다. 어떻게 보면 엉뚱한 로컬룰이지만 경기가 끝날 때까지 긴장의 끈을 놓지 못하게 한다는 점에서는 재미있는 룰이기도 하다.

김일성은 신금단과 박두익(1966년 영국월드컵 북한 8강 진출의 주역) 등 스포츠인들을 인민의 영웅으로 만들어 체제 유지에 이용하기 시작했는데, 김정일은 체육영웅을 3단계로 나누어 우대하였다.

모든 체육선수들은 우선 체육명수가 되는 것이 1차 목표고, 체육명수들은 공훈체육인 또는 인민체육인이 되는 게 최종목표다. 국가대표 선수들은 '체육명수'라 해서 경제적인 어려움 없이 훈련에만 치중할 수 있도록 지원을 했고, 각종 국제대회에서 좋은 성적을 올린 선수에게는 '공훈체육인'이라는 칭호를 해서 많은 상금과 부상을 준다.

특히 '인민체육인'은 북한에서 영웅 대접을 받는다. 인민체육인에게는 아파트와 고급승용차 그리고 평생 돈 걱정 없이 살 수 있도록 해준다. 인민체육인의 칭호를 받으려면 올림픽, 세계선수권대회 등에서 좋은 성적을 올려야 하는데, 신금단, 박두익, 정성옥을 비롯해서 1996년 애틀랜타 올림픽 여자 유도 금메달리스트 계순희, 2012 런던올림픽 남자역도에서 세계신기록을 세우며 금메달을 획득한 김은국 등이 인민체육인 칭호를 받고 있다.

김정일이 김일성·김정은과 다른 점이 있다면 갖가지 개인기록을 갖고 있다는 점이다. 그는 외부에서 보기에는 믿기지 못할 정도로 엄청난 개인기록들을 세웠다고 조선중앙통신 등 국영언론들이 늘 보도했었다.

볼링공을 처음 만져 본 날 볼링에서 300점 만점, 퍼펙트를 기록했고, 골프 한 라운드에서 11개의 홀인원을 잡으며 세계 최고기록인 38언더파를 쳤다는 것 등이다. 모두 도저히 믿기지 못할 기록이 아닐 수 없다. 북한 독재자들의 신비주의는 선수나 코칭스태프들의 말을 통해서도 확인되었다.

1972년 뮌헨올림픽 남자사격 소구경소총 복사에서 599점의 세계신기록을 세우며 금메달을 딴 이호준 선수가 "우리의 원쑤 미제(미국)의 심장을 쏘는 심정으로 총을 쐈더니 금메달을 따게 되었다."고 말해 파문을 일으키기도 했다.

1999년 세계육상선수권대회 여자 마라톤에서 우승한 정성옥은 기자회견에서 "달리면서 장군님만 생각했다. 장군님의 힘으로 우승을 할 수 있었다."고 말했었다.

또한 2010년 남아공월드컵에서 북한 축구대표팀 감독 김정훈은 기자들의 질문에 김정일이 직접 제작했다는 '보이지 않는 전화기'를 언급했었다.

김 감독은 "경기마다 통상적으로 '맨눈에는 보이지 않는(invisible) 휴대전화'를 통해 김정일 위원장으로부터 직접 전술 조언을 받고 있다."고 말했었다.

아버지 김정일에 이어 농구광인 김정은이 앞으로 어떤 진기한 기록을 세울지 궁금하다.

농구 아이큐 150의 버락 오바마

- 미국의 정상들

농구 아이큐 150의 버락 오바마

미국 서부 명문대학의 아이비리그 학생들은 입학 직후부터 경력관리에 들어간다고 한다. 지도자가 되기 위해서는 청문회를 거쳐야 하는데, 고등학교 때까지의 과거는 어느 정도 변명의 여지가 있지만, 본격적으로 성인이 되는 대학생부터는 자신이 책임을 져야 하기 때문이다.

명문 하버드대학 출신의 버락 오바마의 대학 이후 경력도 도화지처럼 깨끗하다. 열심히 공부를 했고, 틈만 나면 농구를 했던 전형적인 엄친아이다. 오바마는 키 1m 87cm로 미국 사람 치고도 약간 큰 키인데, 주위사람들과 농구를 할 때는 주로 포인트 가드 역할을 한다.

1990년대 마이클 조던과 함께 시카고 불스 팀의 전성기를 이끌었던 스코티 피펜은 "오바마 대통령의 '농구 아이큐'는 150이 넘는 것 같다."며 극찬을 하고 있다.

오바마와 농구 절친인 스코티 피펜은 "오바마는 왼손잡이면서도 드리블과 패스를 할 때 양손을 모두 사용한다. 노 룩 패스도 하고, 픽앤 롤도 할 줄 안다. 아마추어로서는 정상급 실력을 갖고 있다."고 말한다.

스코티 피펜과 버락 오바마는 2012년 11월 6일(현지시간) 대선 당일 시카고에 있는 자택 근처 체육관에서 투표 당일이라는 사실은 잠시 잊고 농구를 즐기기도 했다. 경기는 NBA에서 하듯 12분씩 4쿼터로 48분 동안 진행했고, 심판도 두고 정식 경기의 모양새를 갖췄다.

스코티 피펜은 "오바마는 지나치게 공격적이지 않으면서도 수비를 적절하게 활용할 줄 알았다"고 말했다.

그날 경기에서는 오바마와 피펜이 함께 뛴 팀이 상대 팀에게 대승을 거뒀다.

'농구광'으로 알려진 오바마는 2008년 민주당 코커스(당원대회) 때부터 투표 당일 농구를 하는 것으로 유명하다.

2008년 대선 때 오바마는 전통적인 공화당 강세지역 노스캐롤라이나에서 '농구황제' 마이클 조던의 모교 노스캐롤라이나대학(UNC)을 찾아 선수들과 5대 5 게임을 벌였다. 대학선수들에 결코 뒤지지 않는 체력과 기술을 보여준 오바마에게 이 지역 유권자들의 마음이 흔들렸다. 그의 민주당은 노스캐롤라이나에서 경합 끝에 공화당에게 50대 49로 승리를 안았다. 오바마는 투표 당일에 농구 경기를 하면 이기는 징크스를 갖고 있다.

2008년 뉴햄프셔주 민주당 대선후보 경선 당일 농구를 하지 않아서 힐러리 국무장관에게 패한 이후 그 징크스를 계속해서 지켜져 오고 있다. 그가 스코티 피펜과 친해서 그런지 역대 최고 드림팀이 누구냐는 질문을 받았을 때 오바마는 조금도 주저하지 않고 스카티 피펜이 속해 있던 시카고 불스 팀이라고 대답했다.

오바마 대통령은 2012 런던올림픽을 앞두고 미국 남자농구 대표팀과 브라질의 연습경기가 열린 미국 워싱턴 D.C.의 농구장을 찾았다. 그는 하프타임에 ESPN과 인터뷰를 했는데, 여기서 최근 화제가 된 '현재 드림팀 vs 원조 드림팀'에 대한 질문을 받았다. 미국 농구대표팀에 속한 코비 브라이언트(LA 레이커스)가 최근 "원조 드림팀보다 우리가 한 수 위"라고 발언을 했다가 팬들 사이에서 논란이 커졌는데, ESPN이 기습적으로 질문한 것이다.

그는 "그건 일종의 세대 문제다. 난 1992년 즈음에 농구를 열심히 봤고, 특히 시카고 불스의 팬이었다."며

"그래서 난 원조 드림팀 편이다"고 말했다.

당시 미국 드림팀에는 코비 브라이언트를 비롯해 르브론 제임스, 케빈 듀란트 등이 속해 있었다. 1992년 바르셀로나 올림픽에 나섰던 원조 드림팀에는 마이클 조던을 비롯해 래리 버드, 매직 존슨, 찰스 바클리, 패트릭 유잉, 스코티 피펜 등이 있었다.

그의 주위에는 농구 동아리들이 많다.

1m92cm의 장신인 비서실장 데니스 멕도너는 오바마가 농구 경기를 할 때는 단골로 참가하는 사람이다.

오바마가 농구와 처음 인연을 맺기 시작한 것은 10살 때이던 1971년 아버지가 크리스마스 선물로 농구공을 사 준 것이 계기가 되었다. 이후 농구에 심취되어 본격적으로 농구선수 생활을 했었지만 한 번도 주전으로 뛰지는 못했었다.

침대 머리맡에 미국 남자프로농구 NBA의 전설적인 센터 줄리어스 어빙의 대형 포스터를 붙여 놓고 매일 밤 투지를 불태웠지만 현실은 만만치가 않았다. 농구선수로서의 오바마의 실력은 그다지 시원치가 않았다. 당시 오바마의 코트에서의 플레이는 공격적이었다. 쉴 새 없이 자신의 꿈을 좇아 전진하는 그의 정치 인생과 꼭 닮았었다. 그의 절묘한 속임수 동작에 상대편 선수들은 속절없이 나가 떨어졌다. 그러나 항상 정상 일보 전에서 물러나야 했다.

오바마가 농구선수 생활을 했었던 하와이 퍼나호 고등학교가 주 챔피언 결정전에 올랐을 때도 벤치신세를 면치 못했다. 소속팀 퍼나호 고등학교가 하와이 주 챔피언 전에 오를 만큼 수준이 높았지만, 오바마는 더 이상 농구선수 생활을 계속하지 못했다. 그러나 대학에 들어가서도 한 번도 농구공을 놓지 않았다. 주말이면 YMCA에서 농구클럽을 결성해 농구 경기를 즐겼고, 옥시덴탈, 콜롬비아대학 그리고 하버드 법대를 다닐 때도 틈만 나면 농구를 즐겼다. 오바마의 농구사랑은 사회인이 되어서도 계속되었다.

2009년 대통령에 당선이 된 이후에는 '농구내각'이라고 불릴 정도로 주위에 농구 동아리 사람들을 많이 기용했다. 교육부 장관 안 던컨은 하버드 대학에서 오바마와 함께 농구 동아리 공동 주장을 했었고, 법무부 장관 에릭 홀더는 콜롬비아 대학에서 1학년 때까지 농구팀의 주전으로 활약했었다. 안보 자문관 제임스 존스는 조지타운 대학 농구팀에서 스타플레이어로 날렸었다. 개인 보좌관 레지 러브는 듀크 대학의 농구선수였고, 유엔 대사로 임명되었던 수전 라이스는 로드 스칼라로 옥스퍼드 대학에 갔을 때 잠시 농구선수 생활을 했었다. 농구는 배구와 함께 미국에서 만들어졌지만 실내 스포츠 가운데 전 세계에 가장 많이 보급된 종목이다. 실내 스포츠 가운데 선수인구도 가장 많으며 가장 사랑받는 스포츠이다. 대통령이 직접 농구를 즐기는 모습은 보는 사람들에게 매우 긍정적인 효과를 주게 마련이다.

오바마는 TV로 중계되는 스포츠 경기를 관전하는 것을 좋아한다. 2009년 4월 7일 밤 이라크 방문을 마치고 귀국길에 올랐을 때 대통령 전용기 에어포스 원에서 미국 대학농구(NCAA) 결승전을 시청했다. 그해 3월 캘리포니아 일정을 마치고 워싱턴으로 복귀할 때도 에어포스 원에서 NCAA 경기를 시청 했다. 메이저리그 경기 가운데는 시카고 화이트삭스팀의 경기를 챙겨보고, 스포츠 뉴스는 빼놓지 않고 본다. 스포츠 뉴스를 보다가 자신이 응원하는 팀이 패했다는 소식을 듣고는 혼잣말로 욕도 서슴없이 내뱉곤 한다.

오바마는 야구도 좋아하는데, 하와이에서 태어났지만 정치적인 고향은 시카고다. 메이저리그는 시카고에 연고를 둔 팀이 두 팀이 있는데, 오바마는 메이저리그에서 가장 전통이 있는 팀 가운데 한 팀인 시카고 컵스팀보다는 시카고 화이트 삭스팀의 열렬한 팬이다. 오바마는 보스턴 레드삭스와 콜로라도 로키스가 맞붙은 2007년 월드시리즈를 앞두고 자신이 화이트삭스 팬임을 털어놓으며 "레드삭스 팬인 척하는 인물이 미국의 대통령이 되기보다는 진정한 스포츠 팬이 대통령이 되는 것이 좋지 않겠느냐?"고 말해 화제가 되기도 했다.

남편이 농구와 야구를 좋아하는 반면 오바마의 부인 미셸 오바마는 미국 어린이테니스 보급 홍보대사를 맡으며 테니스를 즐기고 있다. 물론 대통령 오바마도 세계적인 복식 선수 브라이언 형제를 백악관으로 초대해 격려를 하는 등 테니스에 대해 관심을 보인 경우가 있다.

오바마와 미셸 오바마가 공동으로 즐기는 스포츠는 골프다. 1997년 오바마가 손을 다쳐서 농구를 하지 못하게 되었을 때 미셸이 골프를 권유해서 본격적으로 치기 시작했는데, 핸디캡이 16정도다. 그는 빈 라덴 사살 작전이 전개되는 와중에 태풍피해가 심한 여름에도 그린을 찾을 정도로 골프를 즐긴다.

1990년대 중반 상원의원 시절 골프를 시작한 그는 드라이브샷을 잘못 치더라도 벌타 없이 다시 치는 '멀리건'을 절대 받지 않고 한 홀에서 11타를 쳐도 그대로 기록하는 등 룰 적용이 엄격하다 클린턴이 밀리건을 좋아해서 '빌리건'이란 별명을 갖고 있는 것과는 대조적이다.

가끔 내기 골프도 하는데, 수십 달러에서 많아야 100달러 정도니까 도박성 골프라고까지 할 수는 없을 것이다.

역대 대통령 가운데 드와이트 아이젠하워가 8년간 800차례 라운드를 해서 가장 골프장에 많이 출입했고, 빌 클린턴은 8년간 400차례로 3위, 오바마는 44대 대통령을 재임한 4년 동안 100차례 정도 라운딩을 해서 역대 5위에 랭크되어 있다.

2012년 대선에서는 공화당의 롬니 후보를 여유 있게 누르고 재선에 성공한 오바마는 "이번 선거는 농구 스코어로 보면 80대 77정도로 여유가 있었다."고 말해 농구대통령임을 다시 한 번 입증했다.

골프에서 10달러 내기에 목숨 건 케네디

존 F. 케네디 대통령은 1961년 임기를 시작, 1963년 암살될 때까지 겨우 2년 동안 미국의 35대 대통령으로 있었지만 미국 민주주의에 대한 상징으로 기억되고 있다. 많은 사람들은 케네디가 미국 최고 명문가 집안에서 고생 없이 자라서 어떻게 그 험한 대통령직을 수행할 수 있을까?라고 우려했었다. 그러나 쿠바 미사일 위기. 베트남 전쟁 그리고 구소련과의 우주전쟁을 잘 수행하는 것을 보고 안심했다고 한다.

미국의 역대 대통령 가운데 존. F. 케네디 대통령은 가장 확고한 스포츠 관을 갖고 있었다. 케네디 대통령은 '연약한 미국인'이라는 기고문에서 미국의 스포츠가 나아갈 방향을 밝히고 있다. 그는 모 신문사에 기고한 기고문에서 "대통령을 비롯한 모든 부처는 체육진흥과 체력증진이 미국의 기본적이고 일관된 정책임을 분명히 알아야 한다. 국가건설에 있어서 정신적, 지적, 자질에 건강과 신체적 활력이 필수적으로 뒷받침 되어야 한다는 것은 우리 미국 역사가 생생하게 증명하고 있다"고 했다. 그는 재임 시절 실제로 미국인들의 건강을 위하는 체육정책을 가장 중요하게 생각했었다. 또한 케네디는 실제로 야구, 미식축구, 농구 등에 해박한 지식을 갖고 있었다.

야구에서는 '8대 7 케네디 스코어'가 가장 재미있는 경기의 양 팀 점수라고 알려져 있다. 그런데 어느 날, 한 기자가 케네디 대통령이 얼마나 야구에 조예가 깊은지 알아보기 위해 인터뷰 끝에 질문을 던졌다고 한다.

"MR, 케네디! 야구는 9회까지 하는 스포츠인데, 가장 재미있는 경기는 어떤 경기인가요?"

"아! 야구는 물론 박빙의 투수전도 볼만 하지만 타격전이 더 재미있어요. 두 팀이 어느 정도 점수가 나야 해요."

"그러면 어느 정도의 타격전이어야 가장 재미있을까요?"

"흠...네~ 두 팀 합해서 3~4개의 홈런이 나오면서 15점정도 점수가 나는 난타전이라면 가장 재미있을 것 같군요, 두 팀의 점수 차가 너무 많이 나도 곤란하고 한

점차 승부면 더 좋구요."

"그럼 7대 8정도네요."

"이왕 이면 8대 7이라고 해 두죠."

그러니까 케네디는 두 팀 합해서 15점이라고 말했을 뿐인데, 기자가 8대 7 또는 7대 8이라고 말했고, 케네디는 그 정도라고 대답했을 뿐이다.

한 편, 케네디의 내기 골프는 당시 대통령 가에 잘 알려졌었다. 케네디 재임시절 절친한 친구인 크리스 던피 씨와 홀 당 10달러 내기를 했다. 그리고 첫 번째 홀에서 케네디가 파를 세이브하기 위해서는 약 90cm 퍼트를 성공시켜야 했다. 케네디는 점잖게 기브(일명 OK)를 기다렸으나 친구는 못 본 채 아무 말이 없었다.

"이 정도는 봐 줘야 되는 거 아냐?"

"야! 그 정도는 직접 집어넣어야 내공이 쌓이고 그러는 거야."

케네디는 그 퍼트를 조준하면서도 여전히 미련이 남았는지. 다시 한 번 사정을 했다.

"야, 나 오늘 오후 5시 30분에 국세청장과 약속이 있어 오늘 라운드는 일찍 끝내야 돼."

던피는 그때서야 마지못해 기브를 인정해 주었다.

야구 얘기라면 자다가도 벌떡 일어나는 부시

　김병현은 2001년 애리조나 다이아몬드백스 팀에서 뛰었을 때 처음으로 월드시리즈 우승반지를 끼었다. 아시아 선수로는 1999년 뉴욕 양키즈팀 소속으로 우승을 차지했었던 일본의 이라부 히데키 선수에 이어 두 번째였다. 김병현은 2004년에는 보스턴 레드삭스팀 소속으로 월드시리즈 우승반지를 끼어 두 개를 갖게 되었는데, 10만 달러 이상의 가치를 갖고 있는 그 반지는 모두 광주은행에 보관되어 있다.

　그가 부시 대통령과 처음 만난 것은 2001년 첫 번째 월드시리즈 우승반지를 꼈을 때였다.

　2001년 12월 14일, 김병현이 월드시리즈 우승팀의 일원으로 관례에 따라 백악관을 방문해 조지 W부시 대통령을 환영을 받았다. 그 때 부시 대통령이 김병현에게

다가가 살며시 어깨를 두드리며 먼저 아는 채를 해서 화제가 되었다.

메이저리그 우승팀이 백악관을 방문했을 때 대통령과 대화를 나누는 선수는 슈퍼스타이거나 그가 평소 눈여겨봤던 선수인 경우가 많다. 그런데 팀의 선발 투수도 아니고, 그렇다고 체격도 크지 않은 아시아권 선수에게 먼저 다가와 말을 건넸다는 것은 김병현의 플레이와 홈런을 얻어맞고 애처로워 하는 모습이 매우 인상적이었기 때문이었다. 부시 대통령은 김병현이 뉴욕 양키즈 팀과의 월드시리즈 때 2개의 홈런을 얻어맞고 주저앉았던 것을 상기하면서 '힘을 내라는 뜻'으로 어깨를 두드려 준 것이다.

부시 대통령은 그 해 월드시리즈를 1차전부터 7차전까지 모두 봤다. 특히 뉴욕 양키즈 팀의 홈에서 벌어진 3차전 경기에서는 미국으로서는 치욕적인 9·11 테러가 났는데도 불구하고 사전에 약속했던 대로 시구를 하기도 했다. 아무튼 부시 대통령은 작은 체격의 김병현이 메이저리그에서는 흔하지 않은 언더 핸드로 강한 공을 던지는 것을 보고 퍽 인상에 남았다. 그런데 결정적인 순간에 홈런을 얻어맞고 주저앉는 모습이 퍽이나 인상적이었던 모양이다. 그는 대통령이 되기 전 한 때 야구단을 갖고 있었을 정도로 야구광이다. 1989년 텍사스 레인저스팀을 인수해 구단주가 되었다.

부시는 알링턴 시에 '새로운 야구장을 지어주지 않으면 텍사스 레인저스팀의 연고지를 다른 곳으로 옮길 수도 있다'는 협박성 발언을 해서 알링턴 시가 텍사스 레인저스 팀에게 새로운 야구장을 지어주도록 집요하게 설득하기 시작했다. 결국 부시는 자신의 정치력을 이용, 알링턴 시를 부추겨서 새로운 구장을 만들도록 했다. 알링턴 시의 주도로 시민들의 돈을 갹출, 즉 세금인상이 그것이었다. 그의 용의주도한 로비와 직, 간접적인 압력을 받은 알링턴시는 시민들의 투표를 거쳐, 야구장을 짓기 위한 재원 마련을 위한 판매세를 올리는 방안을 통과시켜서 무려 1억3500만 달러에 달하는 재원을 마련했다. 물론 새 구장을 만드는 데 반대를 하는 세력도 있었다. 그러나 반대파들은 고작 3000달러밖에 모으지 못해서 반대캠페인을 제대로 펼 수가 없었다.

1991년 1월 19일, 알링턴 시는 새구장 건설을 위해 판매세를 높이는 주민투표 법안을 거의 2대 1의 비율로 통과시키게 된다. 당시 부시의 텍사스구단은 판매세 인상으로 확보한 1억3,500만 달러 외에 알링턴시로부터 각종 조세감면혜택을 받고 또 경제적 지원도 받아 시와 시민들로부터 받은 보조금은 총 2억 달러(약 2천억 원)를 넘어섰다. 텍사스구단의 새 주인이 된 부시와 그 투자자들은 1994년 4월 1일 개장된 새 야구장 알링턴 볼 파크의 건립으로 엄청난 이익을 얻었다.

각종 스카이박스 및 스위트 룸 판매, 각종 광고판 판매, 음식과 라이선스 판매, 주차장 티켓판매 등으로 떨어지는 수익은 대부분 텍사스구단에 귀속됐다. 또 구장 이름을 판 수익도 모두 구단에 들어갔다.

텍사스 구단은 갖가지 부대 수입으로 돈을 벌어서 좋고, 또 구단은 새 야구장을 홈으로 사용하게 되었기 때문에 시장 가치도 그만큼 높아져서 좋은 한 마디로 '누이 좋고 매부 좋은' 격이었다. 그러나 부시와 그의 파트너들은 1998년, 텍사스 구단의 단물만 쪽 빼어 먹은 뒤 톰 힉스씨에게 팔았다. 톰 힉스는 부시대통령과 오래 전부터 막역한 관계에 있던 사람이다. 힉스 구단주는 당시 부시에게 정치 헌금을 4번째로 많이 낸 사람이었다. 힉스 구단주가 텍사스구단을 영입하며 지불한 돈은 무려 2억5,000만 달러였다. 부시와의 막연한 관계도 관계이지만 고수익이 보장되는 스타디움을 갖고 있으니 충분히 그만큼 투자할 가치가 있다고 판단한 것이다.

부시대통령이 텍사스구단에서 손을 떼며 만진 돈은 약 1500만 달러로, 초기투자비용 약 60만 달러였다는 것을 감안하면 무려 25배가 되는 엄청난 장사를 했다.

부시는 텍사스구단주라는 대중의 인지도를 등에 업고 구단주 시절 1994년 텍사스 주지사가 되었고, 2000년엔 아버지 조지 부시에 이어 대통령까지 되었으니 텍사스구단을 사서 부와 명예를 동시에 거머쥔 셈이다.

부시 부자는 모두 야구를 좋아해서 아버지 부시는 예일대 재학시절 야구부 주장까지 했고, 두 차례나 칼리지 월드시리즈 무대에도 섰었던 정통 야구인이었다. 그보다는 못했지만 아들 부시 역시 리틀야구팀에서 나름대로 야구선수 생활을 해서 자칭 야구인이라고 불리는 걸 좋아한다.

진주만 습격 때도 메이저리그를 속행시킨 루즈벨트

　지금은 야간경기(나이트 경기)가 없는 프로야구는 상상할 수도 없다. 야구가 미국이나 한국 일본에서 하나의 문화로 자리 잡은 결정적인 이유는 야간 경기가 가능하기 때문이다.

　루즈벨트의 손에 의해 시작된 야간 경기는 메이저리그 팬들을 야구장으로 불러 모으는 기폭제 역할을 했으며, 야구는 휴가를 내거나 휴일에만 볼 수 있는 스포츠였는데 이제는 하루 일을 모두 끝내고 실시간으로 경기를 즐길 수 있게 되었으며, 미국인들의 생활 문화와 경제를 완전히 바꿔 놓았다. 야간 경기 계기로 메이저리그 수입이 달라지고, 관중이 늘었을 뿐 아니라 TV중계권에도 엄청난 영향을 끼쳤다.

메이저리그에서 처음 야간 경기가 시작된 것은 1935년 오하이오 주에 있는 신시네티 레즈팀의 홈구장인 클로슬리 필드였다. 클로슬리 필드는 신시네티 레즈가 1912년부터 1970년까지 홈구장으로 야간경기의 점등을 최초로 한 사람 루스벨트였다.

야간 경기가 열리기 전, 1934년 클로슬리 필드에는 77경기에 20,7000명이 들어와 한 경기 평균 2700명 정도에 지나지 않았다. 그런데 1935년에 야간 경기를 7번밖에 하지 않았음에도 불구하고 무려 13만 명의 관중이 야구장을 찾았다. 한 경기 평균 19,000명이 입장한 것이다. 야간 경기 실시로 야구장 관중이 7배나 늘어난 것이다. 신시네티 팀으로 볼 때 야간 경기를 갖기 위해 GE 조명에 들인 비용 5만 달러가 조금도 아깝지 않았다.

루스벨트의 편지 한 통이 메이저리그를 살리기도 했다. 1941년 12월 7일, 일본군의 진주만 기습으로 촉발된 태평양 전쟁으로 미국은 급박하게 돌아가고 있었다.

태평양 전쟁이 발발하자 대부분 20대 전, 후반으로 구성된 메이저리거들은 '국민 총력전'이라는 이름 아래 야구배트 대신 총, 야구공 대신 수류탄을 들고 전쟁터로 뛰어 들었다. 전쟁 통에 한가롭게 느긋하게 야구를 구경할 사람도 없거니와 야구경기에 나서려는 선수들도 거의 없었다.

메이저리그 커미셔너 랜디스 씨를 비롯한 메이저리그 관계자들은 머리를 맞대고 열띤 토론을 벌이고 있었다. 그 때가 일본군이 진주만을 기습 강타 한 지 한 달여가 지난 1942년 1월 15일이었다.

"메이저리그는 미국을 상징하는 것이다. 그 까짓 일본 놈들의 선제공격 하나로 리그를 중단한다는 것은 말도 안 된다. 미국의 자존심이 걸린 문제야. 어떤 일이 있더라도 야구는 계속되어야 해."

"그래, 그 말도 일리가 있어, 하지만 우리만 생각해서는 안 돼. 군인들이 목숨을 걸고 싸우고 있는데 우리가 한가롭게 공 놀음이나 하고 있으면 국민들이 납득을 하겠냐고, 바꿔놓고 생각해보자구."

"아냐 미국인 모두가 싸우는 게 아니잖아, 전쟁은 군인들이 하는 거고, 후방의 국민들 가운데는 직장에 나가거나 야구를 보는 사람들도 있는 거잖아, 우리가 야구마저 중단시키면 국민들이 정말 불쌍해진다구!"

"이거 정말 결론을 내릴 수가 없네, 메이저리그를 할 수도…….그렇다고 중단 시킬 수도 없고 정말 난감하네."

회의장은 그야말로 난상토론이었다. 그러나 분위기는 메이저리그를 중단하자는 쪽으로 기울고 있었다.

이 때 판사 출신의 렌디스 커미셔너가 백악관으로부터 한 통의 편지를 받아 들었다. 루스벨트 대통령으로부터 온 사신(私信)이었다.

"친애 하는 렌디스 판사! 지난 1월 14일 자로 보내온 귀하의 편지 잘 읽었습니다. 메이저리그에 관한 모든 결정은 귀하와 야구인들의 몫입니다. 따라서 나의 의견은 순전히 개인의 견해이지 공적인 지시는 아닌 것을 전제로 합니다.

나는 아무리 미국이 전쟁의 와중에 있더라도 메이저리그를 중단해서는 안 된다고 생각합니다.

이번 전쟁이 끝나더라도 미국인들은 누구나 종전보다 몇 배 더 많은 일을 해야 하고 그래서 더 어려운 환경에 빠질 겁니다. 그래서 힘겨운 일에 마음의 여유를 갖기 위해서 지금보다 더 많은 레크리에이션이 필요할 겁니다. 야구는 3시간이 채 넘지 않는 상대적으로 비용이 적게 드는 레크리에이션 수단입니다. 따라서 낮에 열심히 일하는 사람들을 위해 야간 경기를 보는 것은 커다란 위안이 됩니다.

물론 메이저리거 가운데 적령(適齡)기의 청년들은 징병을 당해 전쟁터로 뛰어 들어야 합니다. 그러나 아직 나이가 적령기에 들지 않거나, 넘어선 선수 가운데서도 능력 있는 선수들이 얼마든지 있습니다. 나이가 너무 어리거나 많은 선수들이 뛴다고 하더라도 야구의 인기가 떨어진다고 생각하지 않습니다. 어떤 기능내지 직업에 특이한 재주를 가진 사람들이 국가를 위해 봉사하는 것은 당연한 일이 아니겠습니까? 예를 들면, 메이저리그팀 수 백명의 야구선수들이(전쟁의 와중에) 남아 있더라도 그 경기를 보는 2억에 가까운 미국 국민들에게 훌륭한 레크리에이션을 제공하는 겁니다. 그런 의미에서 저는 메이저리그를 계속하는 것은 가치 있는 일이라고 생각합니다. 렌디스 판사가 가장 공정한 결론을 내려 줄 것으로 믿고 있겠습니다."

루스벨트 대통령이 비록 사견이기는 하지만 건의문 형식으로 보낸 편지는 야구인들을 크게 감동시켰다.

국가 존망의 위기에 처했을 때 오히려 더 여유를 갖는 루브벨트 대통령의 탁견(卓見)으로 태평양 전쟁 와중에서도 메이저리그는 중단되지 않았고, 오늘날 전 세계에서 가장 발달된 문화로 자리를 잡은 것이다.

그는 메이저리그뿐만 아니라 미식축구 인들에게도

은인이라 불리고 있다. 초창기 미국 대학미식축구는 너무 거칠고 격렬해서 축구를 하다가 사망하고가 발생하기도 했다. 급기야 미국 대학에서 미식축구 존폐 논쟁이 격화되기에 이르렀다. 루스벨트 자신도 소아마비로 다리를 잘 쓰지 못하는 대도 불구하고 미식축구, 야구 등을 하며 하버드 대학을 졸업한 상태라 하버드, 예일, 프린스턴 대학 등의 총장들을 초청해서 소위 말하는 '백악관 미식축구회의'를 열었다.

그는 "대학생들에게는 용기도 필요하고, 인내심도 길러야 하고, 그리고 신체적으로 단련도 해야 한다. 그러기 위해서는 거친 스포츠도 필요하다."는 내용의 연설로 미식축구 퇴출론에 종지부를 찍었다.

1933년에 대통령에 당선된 루스벨트의 대통령 수락연설은 지금도 회자(膾炙)될 정도의 명연설이다.

"오늘날 우리가 당면하고 있는 대공황으로 인해 위축될 필요가 없습니다. 이 위대한 나라는 과거에 해냈던 것처럼 또 다시 해낼 겁니다. 그리고 되살아나 번영할 것입니다. 우리가 진정으로 두려워해야 할 것은 '두려움' 그 자체입니다."

루스벨트에게는 항상 '최초'라는 말이 따라 다닌다. 메이저리그 라이터를 최초로 점등했고, 최초의 소아마비 대통령인데다, 최초로 자동차를 타고 유세를 했고 라디오 연설도 했다. 그리고 최초로 4번이나 대통령에 당선이 되었고, 최초로 여성을 내각에 임명했고, 공보담당 비서를 최초로 채용했다. 최초로 전쟁 와중에서도 스포츠(메이저리그)를 중단시키지 않았고, 최초로 전쟁 통에 외국을 방문하기도 했다.

복서 출신의 시어도어 루즈벨트

미국에는 루즈벨트란 성을 가진 대통령이 2명이 있었다. 한 명은 메이저리그와 깊은 인연을 갖고 있는 제32대 프랭클린 D. 루즈벨트이고, 또 한 명은 복서 출신의 26대 시어도어 루즈벨트다.

시어도어 루즈벨트 대통령은 아주 심한 근시였다. 불과 3~4m 떨어진 가족의 얼굴도 구별하지 못할 정도였다. 그런데도 아이러니컬하게도 사격의 명수였다. 젊은 시절 아프리카 여행을 할 때 자신에게 달려드는 사자를 정면에서 쏴서 죽인 일도 있었다.

주위 사람들에게 자기가 단 한 발의 총알로 사자를 죽였다는 말을 하자 믿지 못하겠다는 사람들과 다시 정글을 찾기도 했다. 루즈벨트는 두 번째 찾아간 정글에서는 사슴을 쫓아가는 사자를 한 방에 맞춰서 주위 사람들을 놀라게 하기도 했다. 죽을 힘을 다해 뛰어가는 사자를 한 방에 쏴서 맞추는 것은 웬만한 사격 실력으로는 어려운 일이다. 두 번째 아프리카를 찾았을 때는 수십 명이 함께 갔기 때문에 이제 아무도 루즈벨트의 사격실력을 의심할 수 없게 되었다.

그는 모험을 즐겨서 남아메리카 황야를 탐험하고, 알프스 산맥에 오르고 쿠바와 전쟁을 할 때는 지휘관으로 최일선에서 공격에 앞장서기도 했다.

루즈벨트는 어릴 때는 몸이 약해서 천식으로 고통을 받았다. 요양을 하기 위해 미국 서부에 가서 카우보이들과 생활을 하며 그들과 함께 노천에서 잠을 자기도 했다. 이후 몸이 튼튼해지자 복싱을 배우기 시작해 당시 미국을 대표하는 수영 선수였던 마이크 도노반과 링 위에 올라서 복싱 대결을 하기도 했다. 도노반은 수영 대표 선수였지만, 취미로 복싱을 했기 때문에 복싱 실력이 아마추어 수준을 넘어서는 선수였다.

루즈벨트가 대통령 재임시절 젊은 장교와 복싱 스파링을 할 기회가 있었다. 그는 링에 오르기 전, 젊은 장교에게 농담처럼 말했다.

"대통령이라고 살살하면, 자네 강등이네, 링 위에서는 날 소련 군인이라고 생각하게."

그런데 젊은 장교가 루즈벨트의 농담을 진담으로 알아듣고 일을 저지르고야 말았다. 루즈벨트가 그 젊은 장교의 오른손 스트레이트를 왼쪽 눈에 정통으로 맞은 것이다. 루즈벨트는 그 때 눈의 혈관이 터졌다. 그러나 루즈벨트는 주위사람들, 특히 젊은 장교가 곤란해 할까 봐 겉으로는 티를 내지 않았다. 그는 눈을 치료하기 위해 보름 이상 안과 전문의를 만나야 했었다. 그런데 얼마 후에 그 젊은 장교가 다시 대통령에 도전을 해 왔다.
"각하! 다시 한 번 링 위에 오르시지 않겠습니까?"
"아닐세, 이제 내 나이가 나이니 만큼 링 위에 오르는 것은 무리네."
  사실 루즈벨트는 그 젊은 장교의 오른손 스트레이트로 인해 왼쪽 눈을 완전히 실명한 상태지만 평생 동안 겉으로 나타내지는 않았다.

골프 명예의 전당에 헌액 된 아이젠하워

지난 2009년 6월 27일 세계 골프연맹은 드와이트 데이비드 아이젠하워 대통령을 명예의 전당에 헌액했다. 아이젠하워 대통령이 2차 세계대전 이후 침체에 빠졌던 골프의 대중화에 기여했기 때문이었다.

아이젠하워는 골프를 마음껏 치기 위해서 대통령이 된 것이 아니냐는 소리를 들을 정도로 재임 기간에도 지나치다 싶을 정도로 자주 골프를 쳤다. 그래서 아이젠하워와 골프와 관련된 기록과 에피소드, 유머가 많다. 그는 재선을 포함해서 1953년부터 1961년까지 8년 재임 기간 동안 800번 이상 라운딩을 해서 이 부문 미국 대통령 신기록을 세우고 있는데, 2위는 역시 8년 동안 300여 번의 라운딩을 한 빌 클린턴 3위는 현역 버럭 오바마 현 대통령이 추격하고 있다.

마스터스 대회는 미국 조지아 주의 어거스타 내셔널

컨트리클럽에서 열리는데, 아이젠하워 대통령은 재임기간 그 코스를 수시로 방문, 그 때마다 여러 차례 라운드를 해서 모두 210번의 라운딩을 했다. 아이젠하워는 특히 '골프계의 전설' 바비 존스와 절친인데, 대통령에 당선된 후 어거스터에 10일 동안 머물며 골프 삼매경에 흠뻑 빠져 있었다고 한다.

바비 존스는 PGA 메이저대회 13승, 하버드 대학에서 영문학 전공, 조지아 공대에서 기계공학, 에모리 대학에서 법률을 전공, 변호사 자격증을 갖고 있을 뿐만 아니라 영어, 프랑스어, 스페인어, 독일어에 능통했으며, 고대문화사 비교문학을 공부했었던 미국 골프계 최고의 스펙을 갖고 있는 선수였다.

어거스터 골프장은 회원 가입요건이 까다롭기로 유명한데, 아이젠하워는 2차 세계대전 종료 직후 아내와 함께 골프장을 찾은 이후 골프코스에 매료되어 곧바로 회원에 가입, 1948년부터 1969년 사망할 때까지 열성회원이었다. 아이젠하워는 대통령직에서 물러난 이후에도 골프를 매일 즐기는 골프광이었다. 특히 어거스타 내셔널 컨트리클럽의 매기하우스에 머물면서 각계각층의 사람들과 골프를 즐겼다.

그가 대통령에서 물러난 이후 골프장을 찾았을 때 골프장의 한 직원이 아이젠하워에게 물었다.

"백악관에 계실 때와 지금 달라진 것이 있는지요?"

"응 있지, 내기 골프에서 내가 이길 확률이 현저하게 떨어졌어."

사실 아이젠하워의 골프실력은 그의 골프에 대한 열정에 비해서는 그다지 좋지 않았다. 대통령재직 시절, '1달러 내기' 골프를 즐기곤 했는데, 내기를 하면 비록 1달러짜리이기는 했지만, 주위에 있는 모든 달러들을 긁어모았다고 한다. 그래서 자신이 골프를 매우 잘 친다고 생각했는데, 대통령직에서 물러난 이후에는 주위 사람들 모두가 자신보다 골프를 잘 치는 것을 깨닫고 내기 골프를 하지 않았다고 한다.

캐나다 밴쿠버에서 록키산맥 쪽으로 가다보면 아이크라 불리는 산이 있다. 아이크는 아이젠하워의 애칭이다.

자연을 사랑하고 평화를 즐기는 그 지역 주민들이 여론조사를 한 결과 산 이름을 아이크산이라 정하고 아이젠하워에게 명명식에 참석해 달라고 초청장을 보냈다.

그는 즉석에서 만족해 한 후 스케줄을 확인하고는 "산 이름을 자신의 애칭을 따서 명명하는 것은 더할 나위없는 영광이지만 다른 중요한 약속이 있기 때문에 명명식에 갈 수는 없다"고 전했다. 그런데 그 중요한 약속이란 게 겨우 친구들과 골프를 치는 것이었다. 그 소식을 들은 지역 주민들의 여론이 급격히 나빠져서 '아이크 마운틴'이라고 이름을 붙이는 것을 취소했다. 그러나 지금도 일부 주민들은 그 산을 '아이크 마운틴'이라고 부르고 있다.

미국 국민들 사이에서 아이젠하워의 '골프사랑'을 모르면 간첩으로 통했다. 그래서 1952년 그가 미국대통령에 당선될 때 새로 발행될 화폐에는 가장 좋아하는 프로 골퍼 벤 호건의 사진이 인쇄될 것이라는 소문까지 나돌았다. 그가 대통령 재임시절에 골프로 인해 언론으로부터 호된 비난을 받은 적이 있었다.

1960년 5월 美공군의 U-2기가 소련영공에서 격추되어 조종사들이 체포되는 사건이 일어나고 있는 바로 그 순간에도 골프를 치고 있었기 때문이었다. U-2기 격추 사건은 1960년 5월 1일 미국의 고성능 정찰기 록히드 U-2기가 정보수집을 목적으로 최고도를 유지하며 소련영공을 침범했다가 소련의 방공망에 걸려 우랄산맥 스베르들롭스크시 상공 약 70,000 피트(21,336m) 지점에서 소련군의 S-75 미사일에 맞아 격추된 사건을 말한다.

당시 조종사 프랜시스 개리 파워스는 낙하산으로 탈출했으며, 곧바로 소련군에 생포되었다. 이 사건으로 동, 서간의 긴장관계가 한층 더 심각해졌다. 아이젠하워는 U-2기 사건으로 여론이 좋지 않자 참모들에게 불평을 했다고 한다.

"그 놈의 U-2기는 왜 하필 내가 골프칠 때 떨어질 게 뭐람……."

그가 2차 세계대전에 연합군 사령관으로 유럽에서 유엔군을 지휘하던 시절 영국의 윈스턴 처칠과 라운딩을 할 기회가 있었다.

"각하 제 폼이 어떻습니까?"

"음 … 뭐……."

처칠은 당시에는 대답을 하지 못했는데, 나중에 주위 사람들에게 아주 적은 공을 치는데 그렇게 스윙을 하는 사람은 처음 봤다고 말했다고 한다. 그는 미국 사람치고는 키가 크지 않았음에도 불구하고 스윙 폼이 유난히 크다는 지적을 많이 받았는데, 끝내 그 폼을 고치지 못했었다.

아이젠하워가 유럽지역 연합군사령관으로 임명될 때

도 골프가 영향을 끼쳤다. 임명권자였던 美육군 참모총장인 마샬 장군이 아이젠하워가 골프를 지독히 즐기는 골프광이기에 적격자로 지목했다는 것이다. 당시 유럽지역에는 미국의 조지 S. 패튼 장군, 영국의 몽고메리 원수, 그리고 프랑스의 드골 장군 등을 지휘하는 데는 전략이나 전술 보다는 상대를 배려하는 골프정신이 더 필요했기 때문이었다고 한다.

만능 스포츠 맨 존 애덤스

미국의 2대 대통령인 존 애덤스는 만능 스포츠맨이었다. 수영 실력은 포토 맥 강을 수시로 건널 정도로 좋았고, 스케이팅 실력도 뛰어나서 한 번 얼음 위에 올라가면 5km 이상 질주를 해야 스케이트화를 풀었다.

강이나 바다에 나가면 세일링을 즐겼고, 고등학교에 다닐 때는 레슬링 선수를 했었다.

애덤스가 가장 좋아했던 스포츠는 수영 가운데서도 자유형이었는데, 수영하는 폼이 지금의 자유형과는 약간 달랐다. 오히려 우리나라의 개헤엄과 비슷해서 약간 모로 전진을 해 나갔다.

애덤스는 전형적인 '딸 바보'다. 그의 딸에 대한 사랑은 지금도 미국 사회에서 회자(膾炙)되어 오고 있다.

그가 조지 워싱턴에 이어 미국의 2대 대통령이 되던 1797년부터 1801년까지 4년 동안 딸 애비게일 아멜리아

사이에 수백 통의 편지가 오갔을 정도였다. 그가 딸에게 수영을 배워주는 방법도 독특했다.

대개 풀장에서 먼저 수영의 기초를 배우게 한 후 어느 정도 폼이 됐다고 판단하면 호수나 강으로 데리고 가는 게 보통이다. 그런데 애덤스는 딸 에비게일 아멜리아를 포토 맥 강에 빠트린 후 스스로 헤쳐 나오게 했다.

애덤스는 대통령 재임 당시 부통령인 토머스 제퍼슨과 사이가 매우 좋지 않았다. 두 사람은 미국의 2대 대통령 선거에서 맞붙었는데, 선거인단 수에서 앞선 연방주의자당 애덤스가 대통령이 되고 차점자인 공화당의 제퍼슨이 부통령이 된 것이다. 그러니 두 사람의 정치철학이 반대일 수밖에 없었다. 제퍼슨은 4년 동안 애덤스의 정책적인 판단에 사사건건 시비를 걸고 늘어졌다. 결국 두 사람은 죽을 때까지 화해를 하지 않았는데, 그가 미국 독립 50주년 기념일인 1826년 7월 4일 눈을 감으면서 한 말이 "아직 제퍼슨은 살아 있는데……." 내가 먼저 죽어서 억울하다는 거였는데, 사실 제퍼슨도 애덤스가 죽기 몇 시간 전에 사망했다. 두 견원지간(犬猿之間)의 사망일이 똑같았던 것이다.

야구중계 아나운서 출신의 로널드 레이건

 미국은 워낙 땅 덩어리가 넓어서 특정 지역만 커버하는 라디오 방송국이 많다. 야구 중계방송과 야구해설도 그 지역민만을 대상으로 하기 때문에 유명인이 아니더라도 해설을 하는 경우가 많이 있다. 영화배우 출신으로 잘 알려진 로널드 레이건 대통령은 한 때 메이저리그 시카고 컵스팀의 전속 아나운서였다. 미국 대통령 가운데 유일하게 야구와 관련된 직업을 가졌던 대통령인 셈이다.

 당시 레이건의 야구중계는 발음도 좋았고, 목소리 톤도 야구중계에 적합했고 재치도 있었기 때문에 인기가 매우 좋았다. 레이건은 야구장에서 전신으로 시시각각 전해 주던 전통 문만 보면서 실황중계처럼 재치 있게 중계방송을 해 내서 방송국 직원들을 감탄시키기도 했다.

 그의 야구중계가 얼마나 실감이 나던지 시카고 컵스

팀의 홈경기가 있는 날 그를 보기 위해서 라디오를 들고 경기장을 찾는 사람들이 많았다. 그러면 레이건도 재치 있는 방송으로 서비스를 하곤 했다.

"지금 3루쪽 세 번째 줄에서 중계방송을 듣고 계신 빨간 모자를 쓰신 분 손 한 번 들어 보세요."라고 말하거나, "레프트 필드 뒤에서 라디오 중계를 듣고 계신 흰색 옷을 입고 계신 분, 그 옷 색깔이 야구하는데 방해가 되는 것 알고 계시죠?"라며 지적을 하기도 했다. 야구장 상황을 대충 전해 듣고 실제로 보고 있는 것처럼 묘사를 한 것이다. 그래서 레이건이 야구해설을 하는 스튜디오로 음식물을 들고 찾아오는 팬들도 있었다.

홈구장인 리글리필드 외야에 담장이 넝쿨이 있는 것으로 유명한 시카고 컵스팀은 레이건이 사망한 이후 '레이건 데이' 때 레이건의 아들 마이클을 초청해 시구를 맡겨, 레이건과의 인연을 이어 나가기도 했다.

레이건은 야구중계 방송을 하다가 1937년 워너브러더스 영화사의 연기자로 들어갔다. 그는 헐리우드에서는 주로 B급 영화에만 50여 편에 출연해서 영화배우로는 2류 또는 3류라는 소리를 들었다.

그는 1911년 2월 6일 미국 일리노이주 탐피코에서 존 레이건과 넬 레이건 사이 두 아들 가운데 둘째로 태어났다. 그래서 그의 탄생 100주년인 2011년 2월 6일은 북미아이스하키리그 즉 NFL 챔피언결정전인 슈퍼볼이 열리는 날이어서 미국인들은 '영웅의 탄생'과 미국 최대스포츠 잔치를 동시에 축하하게 되어 슈퍼볼에서도 레이건의 탄생을 기념하는 이벤트가 열렸었다.

그는 1981년 미국의 역대 대통령 가운데 가장 나이가 많은 만 70세에 미국의 40대 대통령이 되어 재선에 성공, 8년간 역임했다.

레이건은 2011년 갤럽의 여론조사에서 '미국인이 생각하는 가장 위대한 대통령'에서 19퍼센트의 지지를 받아 1위로 뽑혔고, 2위는 14퍼센트에 그친 링컨이었다.

매일 아침 달리는 지미 카터

"어! 빤쓰 차림이잖아."

1979년 7월 1일 아침 조간신문을 받아든 사람들은 자신의 눈을 믿기 어려웠다. 미국 대통령 지미 카터가 반바지 차림으로 병사들과 함께 군부대를 달리는 모습이 찍혔기 때문이다.

'세계의 대통령'이라고도 불리는 미국 대통령이 짧은 팬티 차림으로 달리는 모습은 적어도 당시의 한국사람들에게는 약간의 거부감을 느끼는 계층도 없지 않았다.

카터 대통령은 6월 29일 박정희 대통령의 초청으로 방한, 곧바로 휴전선에서 겨우 20여 킬로미터밖에 떨어지지 않은 동두천에 있는 주한 미군 2사단으로 헬기를 타고 이동했다.

미군 부대에서 하룻밤을 잔 카터는 일어나자마자 약 30여 분간 흰 셔츠에 반바지 차림으로 조깅을 한 후 미군 장병들과 함께 아침을 먹은 후 한국 측이 마련한 공식행상에 참석했다. 그 사이 함께 내한한 부인 로잘린 여사와 딸 애임 양은 숙소인 미국 대사관저에 머물고 있었다.

당시 카터 대통령과 박정희 대통령은 주한 미군 철수와 한국의 극도로 악화된 인권 문제를 놓고 날카롭게 대립하고 있었다. 그런 상황에서 카터 대통령은 한국에 도착하자마자 미군부대로 날아가서 태연히 조깅하는 모습을 보인 것이다. 그가 한국에서만 조깅을 하는 등 유난을 떤 게 아니었다. 카터는 조깅이 생활화되어 있었다.

경호문제로 골머리를 앓고 있는 일본정부의 고충도 아랑곳 하지 않고 서방 7개국 정사회담이 열리는 도쿄의 복잡한 거리에서도 조깅을 즐겼다. 그는 때와 장소를 가리지 않고 아침에 눈만 뜨면 달린 것이다. 사실 달린다는 것은 유쾌한 것만은 아니다. 인체의 모든 조직을 동원하는 달리기는 반드시 생리적으로 고통을 동반하게 마련이다. 그래서 태릉선수촌의 국가대표 선수들은 자신이 하고 있는 종목 외에 마라톤 선수들을 가장 존경한다고 말하곤 한다.

마라토너 이봉주 씨는 풀코스를 41번 완주했는데, 선수 생활을 하는 동안 줄잡아 20여만 km를 달렸다고 한다. 아마 카터도 평생 동안 달린 거리를 합하면 10만km를 되지 않았을까?

카터 내한 이후 한국에서도 조깅에 대한 인식이 많이 달라졌다. 1993년 빌 클린턴이 내한 했을 때는 김영삼 대통령과 함께 청와대 녹지원을 15분 간 달리기도 했다.

1960년대 초까지만 해도 건강 달리기에 관한 인식이 미국과 우리는 크게 다르지 않았다.

당시 미국에서는 건강을 위해 열심히 달리고 운동하는 것을 오히려 시대에 뒤떨어진 일로 취급했다. 히피 문화로 상징되던 당시 사회 분위기는 평화, 자유, 사랑 같은 개념을 숭상하면서 경쟁 개념을 싫어했었다. 그러나 미국에서 1960년대 말 달리기에 대한 인식이 전환되는 일이 일어났다. 유명한 '유산소 운동'이라는 말을 처음으로 만들어낸 쿠퍼라는 의사 때문이었다. 이후 미국에서는 이른바 '건강 선진국'이라고 불리며 조깅 붐이 본격적으로 일어나기 시작해 1970년대 미국에서는 이미 달리기가 건강 유지의 가장 좋은 방법 중 하나로 인식

되고 있었다.

 카터는 만능 스포츠맨이었다. 플레인스 고등학교 때 농구와 미식축구를 했고, 아버지가 땅콩 농장에 클레이 코트를 만들어서 줄곧 테니스를 쳤다. 조지아 강에서 카약과 카누를 타며 놀았고, 정계에 입문해서는 주로 메이저리그를 관전했다.

프로팀 제의를 거절하고 로스쿨에 진학을 한 제럴드 포드

제럴드 포드 대통령은 1913년 7월 14일 내브레스카 주 오마하에서 태어났다. 제럴드 포드의 원래 이름은 레즐리 린치 킹 주니어였는데, 양모업자였던 아버지가 성격이 워낙 난폭해서 어머니를 자주 폭행해 태어난 지 16일만에 부모가 이혼했다.

포드는 이혼한 어머니를 따라 미시간으로 이주하게 되었고, 그곳에서 어머니가 페인트 업자를 만나 재혼했다. 그래서 제럴드 루돌프 포드 주니어라는 새로운 이름을 갖게 되어 제럴드 포드라 불리게 되었다. 그의 양부는 생부와는 달리 매우 선한 사람이었다. 포드가 나중에 사석에서 "어머니 말씀에 의하면 생부와 양부는 마치 악마와 천사처럼 차이가 났으며, 어머니의 재혼은 탁월한 선택이었다."고 말했었다.

포드도 양부가 워낙 잘해줘서 17살 때서야 생부가 따로 있다는 것을 알았을 정도였다. 그는 고등학교 때부터 그 지방에서 이름난 미식축구 선수였다. 미식축구 명문교인 미시간 대학에 진학하여 정치학과 경제학을 전공했지만 여전히 미식축구 선수로 활약했다. 아마 미식축구선수를 계속했으면 프로에 진출해서 스타플레이어로 불릴 수도 있었을 것이다. 그러나 미식축구 선수와 공부와의 갈림길에서 공부를 선택을 했다. 프로팀에서의 거액으로 스카우트 제의를 해왔지만 거절한 것이다. 포드는 발도 빨랐고, 순발력도 뛰어 난데다 머리까지 영리해서 아무 포지션에 갖다 놔도 제 역할을 해 냈다. 그는 미시간 대학을 졸업한 후 예일대학교 법과대학원에 진학해서는 공부를 하면서 미식 축구팀의 코치로 일했다.

2차 세계대전 때에는 해군 장교로 참전하여 무공을 세웠으나 제대 후에는 미시간으로 돌아와 정계에 투신했다. 그리고 35살 되던 1948년에는 하원 의원에 당선되었는데, 그 후 계속 재선되면서 마침내 하원의 공화당 원내총무까지 올랐다. 그는 선거에 의하지 않고 부통령이 되었고, 대통령 까지 오른 유일한 인물이다.

미국의 38대 대통령으로 되어 있지만, 1973년 스피로 에그뉴가 부통령을 사임하는 바람에 당시 대통령이었던 리처드 닉슨에 의해 부통령으로 지명되었다. 1974년 8월 9일 닉슨 대통령이 워터게이트 사건으로 사임하는 바람에 대통령직도 물려받았다. 그래서 대통령 재임기간도 닉슨의 잔여 임기인 1974년 8월 9일부터 1977년 1월 20일로 2년 5개월밖에 되지 않는다.

대통령 재임기간 동안에 빡빡한 일정 때문에 미식축구 경기장에는 몇 번 가지 않았지만, 중요한 경기는 회의 시간을 앞당기거나 미뤄가면서 꼭 시청을 했다. 특히 2월에 열리는 미식축구 결승전 '슈퍼볼'은 재임기간 동안은 물론 평생 동안 한 번도 빼 놓지 않고 봤다.

포드는 2006년 12월 26일 93세를 일기로 사망했다.

내가 황제 테니스를 쳐 봐서 아는데

- 대한민국의 정상들

매일 아침 요가로 건강을 챙기는 박근혜

　박근혜 대통령이 가장 즐기는 스포츠는 테니스다. 그리고 단전호흡과 요가로 건강을 챙긴다. 또한 박 대통령은 1990년대 초부터 시작한 국선도와 요가를 지금도 매일 한 시간씩 꾸준히 해오고 있다. 국선도는 단전호흡을 통해 몸과 마음을 단련하고, 전인적(全人的)인간 형성을 목적으로 하는 수련법이다.

　요가는 명상과 호흡, 스트레칭 등이 결합된 복합적인 심신수련법이다. 자신의 마음을 조절해서 마음의 움직임을 억제하며 인간본래의 고요한 마음의 상태로 돌아가는 상태를 요가라고 한다.

　박 대통령이 즐기는 국선도와 요가는 체력증진은 물론 몸매 라인을 개선하는데 효과적이며, 혹 지방 출장 등을 가더라도 특별한 운동기구 없이도 할 수 있어 때와 장소에 구애를 받지 않는다는 장점을 지니고 있다.

그녀는 그 외에도 강한 체력을 키우기 위해 각종 운동을 즐기는데 박 대통령이 선호하는 운동은 수영과 배드민턴, 테니스, 탁구 등이다. 이들 모두 열량 소모에 탁월한 운동이라 다이어트 효과 면에서도 우수하다고 할 수 있다.

특히 테니스 실력은 탈 아마추어급이다. 박정희 대통령이 살아 있을 때, 대통령 영애 시절부터 테니스를 쳤고, 새누리당 국회의원 정몽준 씨와는 장충초등학교 동기동창인데 국회의원 초, 재선 시절 가끔 만나서 테니스를 함께 치기도 했다.

정계에 입문하기 전인 1990년대 초 삼성동 자택에서 얼마 떨어지지 않은 논현동 경복아파트 인근의 실내 테니스코트에서 박정희 대통령이 살아 있을 때 주로 청와대를 출입했었던 기자, 또는 동네 사람들과 테니스를 즐겼다. 한번 치면 짧게는 2시간 또는 3시간 이상 친 적도 많았다. 특히 청와대에 출입을 했었던 기자들과는 청와대에 있을 때부터 함께 쳤기 때문에 콤비가 잘 맞았다. 박근혜 대통령은 테니스가 끝난 후에 곧바로 집으로 돌아가거나 백화점에 들러서 테니스화 등 테니스 용품을 쇼핑하기도 했다.

박 대통령은 테니스 원정을 가기도 했다. 박 정희 대통령의 대구사범 후배였던 김민하 중앙대 총장은 박 대통령을 거의 매주 불러내서 테니스를 함께 치며 위로를 하기도 했다. 박정희 대통령 서거 후 철저하게 몸과 마음이 고립되었었던 박 대통령에게 테니스는 유일한 위안거리였던 것이다.

2009년 11월 30일 충북 옥천에서 열린 '고(故) 육영수 여사 탄신 84주년 숭모제'에 참석한 뒤 행사에 온 친박의원 10여 명과 점심식사를 함께 한 자리에서 과거 자신이 즐겼던 테니스를 화제에 올렸다.

박 대통령은 "테니스를 잘 치려면 기본에 충실해야 한다. 편하게 치려고만 하면 실력이 늘지 않고 기본에 충실하다보면 자신도 모르게 실력이 는다."며 원론적인 말을 한 뒤 "삶도 결국 테니스와 같은 것이다. 세상을 살아가는데 기본과 원칙에 충실해야 한다."고 인생관을 펼쳤다. 박 대통령의 '원칙', '신뢰', '약속'을 중요시 하는 인생관이 테니스를 배우고 즐기면서 확립되었음을 나타내준 일화라고 할 수 있다.

한나라당 대표 시절, 이명박 전 대통령이 서울시장 시절 '황제 테니스' 문제로 곤혹을 치를 때, 남산 테니스장에서 테니스를 친 문제로 당시 열린우리당으로부터 공격을 받기도 했다.

　박 대통령의 스포츠 정책은 역대 대통령과 크게 다르지 않을 것으로 보인다. 박 대통령은 제18대 대통령 선거를 앞두고 창원에 있는 고양 원더스 훈련장을 기습 방문해서 김성근 감독과 얘기를 나누기도 했다. 프로야구 팀도 아닌 독립구단 고양 원더스를 찾은 이유는 프로야구에 관심을 있을 뿐만 아니라 어려운 여건 속에서 꿈을 향해 달리는 선수단에 힘을 불어넣어 주기 위해서였다. 물론 참모들의 조언을 들었기 때문에 고양 원더스 팀을 찾을 생각을 했겠지만 최종적으로 본인이 판단을 했기 때문에 가능했다.

　대통령 선거기간 동안 프로야구 '제10구단 문제'가 불거져 나왔을 때 '프로야구 10구단은 창단되어야 한다'는 의견을 밝히기도 했다.

　박근혜 대통령의 '고양 원더스' 팀과 '프로야구 10구단'에 대한 관심도로 볼 때 앞으로 재임 기간 동안 박 대통령의 엘리트 스포츠 정책도 과거의 대통령들에 비해서 결코 소홀하지 않을 것임을 가늠해 볼 수 있을 것 같다.

야구장에서 부인과 공개 키스한 이명박

일명 '황제 테니스' 사건으로 잘 알려진 이명박 대통령의 공짜 테니스 사건은 2006년 3월 13일 YTN이 보도를 하면서 세상에 알려지기 시작했다.

서울시장이 서울시 테니스협회의 초청을 받아 '공짜 테니스'를 상습적으로 즐겼다가 협회측과 테니스장 운영자 사이에 테니스장 이용료를 둘러싼 마찰이 빚어졌다. 그러자 이명박 시장이 자신이 공짜로 사용한 이용로 600만 원을 뒤늦게 대납하기도 했다. 이명박 대통령의 테니스에 대한 추문은 이후에도 끊임없이 나왔다.

이명박 서울 시장이 전국에 폭우가 쏟아지는 위급상황에도 공짜 실내테니스를 친 것이 확인이 되었고, 서울 서초구에 있는 실내 테니스장 천장에 이명박 서울시장의 이름 및 "용(龍)"자와 "귀(龜)"자가 들어간 상량문(上樑文)이 있어 논란이 되기도 했었다.

이 대통령은 퇴임 이후에도 매주 오전 서울 방이동 올림픽공원 내에 있는 실내 테니스 코트 한 면을 편법으로 독차지해 사용해서 물의를 일으키기도 했다. 올림픽공원 실내테니스장은 사용을 희망하는 날짜의 일주일 전부터 인터넷 홈페이지를 통해 누구나 선착순으로 예약할 수 있는데, 토요일 오전 8시부터 오후 1시 사이는 온라인 예약 자체가 불가능한 상황이 되었던 것이다. 이 대통령이 퇴임 후 실내 코트 하나를 독점 사용하고 있었기 때문이다. 올림픽공원 테니스장에는 4개의 실내코트가 있는데 그 중 3개 코트에서는 토요일 오전마다 강습이 있어서 일반인이 쓸 수 있는 코트는 사실상 1개조차 토요일 오전에 일반 시민은 사용할 수가 없었던 것이다.

이 대통령은 말 많은 골프는 재임기간 에는 즐기지는 않았기에 오히려 실력이 줄었다는 평이다. 취임 직후부터 골프 금지령을 내려 골프인들에게 '골프 안티' 대통령으로 낙인이 찍혀 있다. 골프실력은 한때 '싱글' 수준이었지만 대통령 재임기간 동안 별로 라운딩을 하지 않아서 보기 플레이 수준인 90대 초반 정도로 낮아졌다.

비거리는 220~230야드 정도로 70이 넘은 나이치고는 장타자 급이다. 멀리건(티샷 미스에 한 번 더 기회를 주는 것)에 대해서도 엄격한 편이다. 샷이 비교적 정교해 OB(Out of Bounds)를 잘 내지도 않지만 멀리건을 주면 사양하고 그냥 게임을 진행하는 스타일이다. 트러블 샷에 강한 편이다. 특히 벙커샷은 아마추어 수준 이상이며 그린 주변에서 칩샷 역시 정교하다는 평가를 받고 있다,

이명박 대통령은 2008년 베이징올림픽 때 선수 IOC 위원에 출마한 문대성 위원을 뒷받침하기 위해 2억 원의 예산을 편성하여 도왔다. IOC 선수위원에 출마한 선수들은 올림픽에 출전한 수천 명의 외국선수들을 일일이 만나 득표활동하기가 어렵기 때문에 정부나 체육회 차원에서 출마한 선수들의 선거운동을 돕고 있다.

문대성 씨는 2008 베이징올림픽이 열리는 동안 태권도 복을 입고 선수들을 일일이 찾아다니며 호소를 하거나, 정부의 직, 간접적인 지원으로 류샹(중국, 육상 허들), 쥐스틴 에넹(벨기에, 테니스 개인전), 그랜트 헤킷(호주, 수영 자유형) 등 쟁쟁한 후보들을 제치고 1위를 차지해 8년 동안의 IOC 위원 임기를 수행하고 있다.

2011년 9월 3일 이명박 대통령이 잠실야구장을 예고

없이 찾았다. 이명박 대통령 내외와 손자 손녀 등 가족들 8명이 잠실야구장을 방문해 야구를 관람했다.

1982년 프로야구 출범 당시 전두환 전 대통령이 시구를 한 적이 있다. 그리고 지난 1994년 김영삼 대통령이 잠실구장을 찾아 OB베어스와 쌍방울 레이더스 전을 관전했다. 그러나 현직 대통령이 시구가 아닌 가족과 함께 야구 관람을 하기는 역대 대통령 가운데 이 대통령이 처음이었다. 대통령 가족은 6시 30분에 시작되는 야구경기 시작을 1시간 17분 남겨 놓은 오후 5시 13분, 경기장을 찾아 중앙 본부석에 앉아 LG와 롯데 응원 막대를 각각 하나씩 들고 열심히 응원했다. 이 대통령은 강한 햇빛을 피하기 위해 자주색 점퍼를 상의에 걸치고 검은 선글라스와 검은색 창 모자를 착용했다. 경기 내내 옆에 앉아있는 손녀, 손자들과 대화를 주고받으며 경기 관람에 집중했고, 4회를 마치고 '키스 타임' 때에는 김윤옥 여사와 키스를 해 관중들로부터 뜨거운 박수를 받기도 했다.

이래 봬도 제가 야구학교 나오지 않았습니까? - 노무현

    노무현 대통령은 서민적인 이미지였지만 골프를 무척 좋아했다. 시간이 나면 청와대 앞뜰에 나와서 골프채를 휘두를 정도였다. 하지만 골프는 휴가 때 잠시 즐기는 것으로 만족해야 했다. 당시 분위기가 불경기에 대통령이 골프를 한다는 것에 여론이 안 좋게 형성된 탓이었다.

    노무현 대통령은 태권도나 유도 등의 무예를 직접 하지 않았지만, 무예와 무예원로들에 대해 관심을 보였었다. 취임식 이후 매년 연례행사처럼 하던 경호실 경호원들의 무예시범을 대신해 국내 무예원로들의 시연을 준비하기도 했다. 탄핵 때문에 행사가 취소되기는 했지만 당시 무예계에서는 많은 관심을 불러일으키기도 했다.

    그는 2003년 충주세계무술축제 축사메시지에서 "무술

은 몸과 마음을 강하게 하는 인격도야의 무도입니다. 높은 경지의 무술은 예술로도 훌륭한 평가를 받습니다."라고 하여 해방 이후 태권도 이외의 무예와 관련된 대통령의 생각이 처음 세상에 알려지기 시작했다.

기자들이 야구에 관련된 질문을 하면 "제가 이래 뵈도 야구명문 부산상고(현재 개성고) 출신입니다."라고 말하기도 했다. 현직 대통령으로서는 유일하게 프로야구 개막전이 아닌 올스타전에서도 시구를 했었다.

2003년 7월, 프로야구 올스타전은 대전구장에서 치러졌는데, 노 대통령은 시구를 던진 후 동군 감독이었던 이광환 감독과 잠시 환담을 나누기도 했다.

"각하 저를 기억하십니까?"

이 감독은 노 대통령이 국회의원 시절 제주도 애월읍 해안도로를 지나가는 도중에 당시 제주도에 '야구인의 집'을 짓고 칩거하고 있던 이광환 씨를 찾았었다. 당시 이광환 씨는 노 전 대통령이 국회 문화관광위원 소속이어서 "야구계의 여러 숙제 중에 국내의 따뜻한 남쪽지역에 야구장 시설이 절대 부족해 초등학교 야구팀부터 성인 야구팀까지 모두 동계전지훈련을 해외로 나가 매년 외화낭비도 클 뿐만 아니라 학원스포츠로서 바람직

하지 못하다고 말씀드렸었던 것"을 기억하고 물은 것이다. "암요, 기억하고 말고요. 그 때 제가 준 명함 잘 갖고 계시지요. 아직도 유효합니다."라고 허허 웃었었다.

  노무현 대통령은 대통령이 되기 전까지는 요가 예찬론자였었다. 그는 새벽에 약 30분간 요가를 하면서 건강을 챙기고 삶의 여유를 느꼈었다. 당시 그는 주위 사람들에게 세상이 두 조각이 나도 매일 요가를 할 것이라고 말했었다. 그런데 청와대에 입성한 뒤 곧바로 요가를 중단해버렸다. 요가를 중단한 것이 개인적인 건강과 국정을 운영하는 데 어떤 영향을 끼쳤는지는 본인만이 알 것이다.

북한 미녀 여성 응원단을 받아준 김대중

김영삼 전임 대통령이 '골프 중단'을 선언, 그의 재임 기간동안 골프계가 암흑기에 빠졌었다면 김대중 대통령 재임기간(1998~2003)은 골프가 엘리트 스포츠와 생활 스포츠로 비약적인 발전을 한 시기라고 할 수 있다.

김대중 전 대통령은 몸이 불편해서 비록 골프를 하지 않았지만 골프를 스포츠로 인정했다. IMF 외환위기 때 국민에게 희망을 준 박세리는 물론, 최경주와 김미현 등 미국 PGA와 LPGA에서 맹위를 떨친 선수들을 청와대로 초청해 오찬을 베풀고 훈장을 수여하기도 했다. 김대중 대통령의 "골프 대중화를 위해 퍼블릭골프장 건설을 늘려야 한다."는 말은 골프계에 서광을 비춘 구원같은 말이었다.

재임기간 동안에는 2000년 시드니 올림픽과 2002 한·일 월드컵 그리고 방콕 아시안게임과 부산 아시안게임을 치렀다. 2000년 시드니 올림픽에서는 사상 처음으로 남북한이 공동 입, 퇴장을 했다. 남한과 북한이 한반도기를 들고 아리랑에 맞춰 손에 손을 잡고 행진을 한 것이다. 사마란치 당시 국제올림픽 위원회 위원장이 "내가 IOC위원장 재임 기간 동안 가장 감격스러운 장면이었다."고 말할 정도로 시드니올림픽의 남북한 공동 입, 퇴장은 올림픽 역사와 세계 평화를 위해서 긍정적으로 작용했다.

2002 부산아시안게임에는 북한 선수단이 참가했을 뿐만 아니라, 북한의 소위 말하는 '미녀 응원단'까지 동원해 전 세계의 화제가 되기도 했다. 또한 2002 한·일월드컵 축구대회에서 한국이 이탈리아를 물리치고 16강 진출이 확정되자 한국팀 선수들이 있는 라커룸까지 직접 내려와서 축하를 해 주었고, 당시 홍명보 주장이 "16강의 대 위업을 달성한 우리 선수들에게 병역면제 혜택을 주십시오."라고 건의하자 즉석에서 긍정적으로 검토해 보겠다고 대답한 후 실제로 선수들에게 병역면제 혜택을 주기도 했다.

그러나 김 대통령 재임 시절에, 정부 내의 체육기구가 더 축소되었으며, 체육업무는 문화관광부속에 흡수

되었고, 부처 명칭에서도 아예 '체육'이라는 말이 빠졌었다. 체육담당 부서도 1개국으로 줄었다. 지금의 체육이란 말이 들어간 것은 이후 정부 때였다.

골프계의 암흑시대 연 김영삼

1993년부터 1997년까지 5년 동안 김영삼 대통령 재임 시절에는 박정희, 전두환, 노태우 등 군 출신의 대통령 시절보다 상대적으로 엘리트스포츠 정책 비중이 줄어들기 시작했다.

체육업무는 체육부에서 문화와 체육을 함께 관장하는 문화체육부속에 흡수축소 되었다. 더구나 문체부 출범당시 체육담당 3개국이, 94년에는 2개국으로 줄어들었다.

김 대통령 재임 기간 동안 1994년 히로시마 아시안게임과 1996년 애틀랜타올림픽이 열렸지만 김 대통령이 국가대표 선수들을 격려한 것은 몇 차례 되지 않았다. 의례적인 행사에만 선수들을 만났을 뿐이었다.

김영삼 대통령 개인적으로는, 재임 기간 동안 등산과 조깅을 즐겼다.

통영 중 재학시절 축구선수였던 그는 외국에서 승리한 대표팀을 격려하다 코너킥을 페널티킥으로 잘못말해 화제가 되기도 했다. 축구선수 출신이라면서 축구에서 가장 기초적인 경기 룰인 코너킥과 페널티 킥을 구분하지 못하는 망신을 당한 것이다.

　김영삼 대통령은 골프 실력이 모자라 아예 골프중단을 선언했었다. 드라이버샷을 하다가 엉덩방아를 찧는 모습이 사진에 담겨 망신살이 뻗쳤고, "재임 중 골프를 하지 않겠다."는 선언을 하기에 이른 것이다. 대통령의 골프 중단 선언은 우리나라 골프계에 짙은 구름이 드리우게 했었다. 공직자들 사이에 골프 금지 분위기가 일어나 국내의 전체적인 골프산업이 위축되기도 했다.

　대통령 별장인 청남대에 5개 그린에 9홀 코스의 그림 같은 골프장이 있지만, 그는 골프보다는 조깅을 좋아해서 대청호 옆으로 난 호적한 코스를 달리곤 했다. 지금은 일반인에게도 개방된 청남대 대청호 코스에는 김 대통령이 조깅하는 모습의 동상이 세워져 있다.

　그는 야인(野人) 시절 사조직인 민주산악회를 만들어 주말등산을 즐기곤 했는데, 재임기간 동안에는 청와대 뒷산을 자주 올랐었다.

현재는 배드민턴에 푹 **빠져** 있는데 배드민턴을 치면서 "이 좋은 걸 내가 우째 이렇게 늦게 알았노."라며 아쉬워했다고 한다.

100m를 11초대에 주파한 노태우

  노태우 대통령은 육군사관학교 시절 빠른 스피드와 리더십을 바탕으로 럭비부 주장을 지냈다. 럭비 선수들은 대체로 스피드가 있는데 노태우 대통령은 한창 시절 100m를 11초06에 끊었다는 기록이 있다. 그 정도 스피드라면 국내뿐만 아니라 역대 전 세계의 지도자들 가운데 가장 빠른 스피드라고 할 수 있다.

  노 대통령은 자신의 전임 대통령인 전두환 대통령과는 육군사관학교 동기동창으로 40년 지기 친구 사이였다. 전 대통령으로부터 육군 참모총장 수석부관, 청와대 경호실 작전 차장보, 등 주요 보직을 전 대통령 이후에 지냈었고, 결국 대통령직까지 물려받은 셈이다.

  88서울올림픽도 전두환 대통령시절 1981년에 유치에 성공했지만, 1988년 서울올림픽의 개막식에 참석해서 개막선언을 한 것은 노태우 대통령이었다. 88서울올림픽 유치단에는 노 대통령도 포함되어 정주영 씨 등과 유치활동을 벌이기도 했었다. 그러나 그는 대통령직에 당선 된 이후 전 대통령과는 반대 정책을 폈었다.

전 대통령이 권위주의 정책으로 일관 한데 비해, 노 대통령은 탈권위주의, 정치 자유화, 민주화 등 문민정책 등의 보통사람을 위한 정책을 펴 나갔다. 경제정책도 5공화국 흑자의 기조가 되었던 긴축정책과는 정반대의 정책을 추진해 나갔다. 전 대통령의 남북 대결 모드를 북방화해 모드로 돌려놓았다. 그러나 그의 스포츠 정책만은 전 대통령의 정책과 크게 다르지 않았다.

국제대회 유치와 프로스포츠 활성화 정책을 그대로 밀고 나갔다. 다만 국제대회에서 좋은 성적을 올린 선수들을 청와대로 부르는 횟수가 줄어들었고, 태릉선수촌을 찾는 발길도 뜸해졌다. 다만 노 대통령 시절에는 일방적인 엘리트체육지향에서 서서히 생활체육활성화 쪽으로 정책변화가 일어나기 시작했다. 1991년 국민생활체육협의회가 창설되었고, 노 대통령 자신도 틈나는 대로 테니스를 즐겼다. 그는 테니스를 거의 마니아 수준으로 즐겼다. 청와대 안에 있는 테니스 코트에서 국가대표 급 선수나 코치들을 불러 친선 경기를 쳤고, 국가대표 출신 최모 코치에게 강남 양재동에 실내테니스 코트를 만들 수 있도록 특혜를 베풀어 주기도 했다.

　노태우 대통령도 전두환 대통령과 마찬가지로 골프, 홀인원 때문에 곤혹을 치러야 했었다. 전두환 대통령의 홀인원 사건이 세간을 떠들썩하게 한지 얼마 안 돼 홀인원을 기록한 것이다.

　2003년 5월 13일 송추CC 153m 거리의 서 코스 7번 홀에서 4번 우드로 홀인원을 한 사실이 밖에 알려지지 않도록 골프장 관계자들에게 함구령이 내렸다. 바로 한 달 전 전두환 전 대통령의 부인 이순자 여사가 강남 300CC에서 홀인원 기념식수를 해 문제가 된 직후였기 때문이다. 하지만 대한골프협회 홀인원 명부에 실린 그의 이름이 발견되어 세상에 알려지게 되었다.

검붉은 피를 스포츠로
순화시키려 한 전두환

　스포츠는 양날의 칼과 같아서 선의 방편으로 사용하면 평화를 가져 올 수 있고, 악의 방편으로 쓰면 최악의 상태에 빠질 수가 있다.

　1930년대 독일의 독재자 히틀러는 그리스에서 채화된 성화를 유럽일주를 한다는 핑계로 유럽각국의 지형을 전략 코스를 답사하는데 성공, 2차 세계대전 때 가공할 살육의 길목으로 이용했다. 그런가 하면 냉전이 한창이던 1971년, 중국 최고지도자였던 마오쩌둥(모택동)이 일본 나고야에서 열렸던 세계탁구선수권대회에 참가한 미국 선수단을 중국으로 초청했다. 이를 계기로 오랫동안 적대적으로 대립해 왔던 미국과 중공은 1972년 정상회담을 거쳐 1979년 미·중 수교를 달성했다.

　역사가들은 미국과 중공의 탁구공을 매개로 한 외교

라 하여 '핑퐁외교'라 불린다. 핑퐁외교는 정치적으로 앙숙인 국가들이 정치색이 적은 스포츠를 매개로 관계 개선에 성공한 대표적 사례로 언급되고 있는 역사적으로 매우 의미 있는 사건이다.

이후 중공은 1974년 테헤란 아시안게임부터 아시아무대에 선을 보이기 시작했고, 1984년 LA올림픽에서부터 본격적으로 올림픽에 출전을 하기 시작해서 2008년에는 베이징에서 올림픽을 개최했고, 아시아국가로는 처음으로 종합 1위를 차지하기도 했다. 중공이 1980년 모스크바올림픽을 건너뛰고 1984년 미국에서 벌어진 LA올림픽부터 참가했다는데 주목해야 한다.

전두환 대통령은 스포츠를 자신의 집권 과정에서 저지른 '광주민주화 운동' 등의 과오를 덮기 위해서 이용했다. 그는 한국의 민주주의를 20년 정도 후퇴시켰고, 스포츠로 볼 때는 오히려 20년 정도 앞당겼다.

역사에 만약이란 없지만, 그래도 전두환이 나서지 않았다면, 5.18 광주민주화운동도 없었을 것이고, 그렇게 되었다면 군 출신이 아닌 민간인이 국민들의 선택에 의해 대통령이 되었을 것이다. 그 당시 민간 대통령이 나왔다면, 한국의 본격적인 민주화는 20년 가까이 앞당겨

졌을 것이다. 그러나 스포츠 계로 볼 때는 전두환 대통령이 광주민주화운동 등으로 돌아선 민심을 스포츠 쪽으로 돌리려는 생각을 가졌기 때문에 1988년 서울올림픽을 개최할 수 있었고, 1982년 프로야구, 1983년 프로축구가 출범을 할 수 있었다.

그러한 결단이 없었다면, 우리나라에서 올림픽이 열리려면(1988년 올림픽이 나고야에서 열렸을 가능성이 높았으므로) 2000년대 이후에나 가능했고, 프로야구와 프로축구도 역시 2000년대에 이르러서야 태동할 수가 있었을 것이다. 아무튼 전두환 대통령이 집권하던 1980년대 초는 엘리트스포츠가 활짝 꽃을 피웠던 시절이었다.

그는 86아시아경기대회와 88올림픽의 서울 유치가 확정되면서 82년 체육부를 신설했다.

초대 체육부 장관으로 자신의 최측근인 노태우 씨를 선임한 것을 보면, 그가 체육정책에 얼마나 관심이 많았는지 알 수 있다. 또한 스포츠과학연구소를 확대하고, 꿈나무 선수들을 적극 지원했다. 그 때 전국의 초·중등학생들을 대상으로 뽑은 수천 명의 꿈나무 가운데서 88 서울올림픽에 메달리스트가 많이 나와서 꿈나무 정책은 성공했다는 평가를 받기도 했다. 그리고 1984년에는 국군체육부대(현재 상무)가 창설되었다. 이와 같이 그의 전폭적인 지원 속에 한국은 스포츠강국으로 떠오르게 했다.

특히 그는 86아시안게임과 88서울올림픽에 출전하는 선수들이 훈련을 하는 태릉선수촌에 수시로 드나들며, 선수들을 격려하였다.

한편 1982년 프로야구와 1983년 프로축구, 민속씨름이 출범했으며, 전 대통령은 1982년 3월 27일 동대문야구장에서 있었던 프로야구 개막식에서 심판으로 가장한 경호원과 함께 마운드에 올라 프로야구 개막전 시구를 하기도 했다.

민속씨름은 출범하자마자 이만기라는 슈퍼스타가 탄생해서 엄청난 인기를 모았었다. 민속씨름 결승전이 벌어지는 시간이면 거리에 다니는 사람이 별로 없을 정도로 조용했고, 전 대통령이 청와대에 도착하는 시간에 맞춰서 백두급 또는 천하장사 결승 시간을 늦추는 해프닝이 벌어지기도 했다.

육군사관학교시절 축구를 했던 그는 축구광이었다. 경기장에 갈 때면 해박한 축구지식을 자랑했고 때로는 그 자리에서 감독을 불러 직접 작전을 지시하기도 했다. 예정된 시간을 넘기면서 축구관람을 하기도 해 경호팀에 비상이 걸리기도 했다. 그의 축구사랑 덕을 가장 많이 본 사람이 1983년 FIFA 멕시코 세계청소년축구선수권대회의 주역 박종환 감독이었다. 당시 한국은 아시아 동부지역 예선에서 3위에 그쳐 탈락했다. 그러나 북한이 국제대회에서 심판구타 사건을 저지르는 바람에 '국제대회에 2년간 출전자격이 정지' 되면서 중국과 함께 출전권을 확보했다.

박종환 감독이 이끄는 한국 청소년축구 대표팀은 멕시코 세계청소년축구선수권대회 A조 예선 첫 경기에서 스코틀랜드에 0대 2로 패했지만, 이후 홈팀 멕시코와 호주를 각각 2대 1로 물리치고 스코틀랜드에 이어 조 2위로 8강에 올랐다.

한국은 우루과이와 8강전에서 2대 1로 이겨, 4강에 올랐다. 그러나 4강전에서 우승팀 브라질에 1대 2로 패해 3, 4위전으로 밀려났다. 당시 박종환 감독이 체력을 바탕으로 한 전원수비, 전원공격의 벌떼 축구는 상대팀을 두렵게 했었다.

한국 팀은 3,4위전에서 폴란드에 패해 4위에 머물렀지만, 국내에서는 한국축구가 FIFA가 주관한 대회에서 사상 처음 4강에 올랐다고 해서 엄청난 환영을 받았다.

전두환 대통령은 멕시코 청소년 대회 4강의 주역인 박종환 감독을 청와대로 불러 하사금을 주었다. 그는 하사금을 줄 때 받을 사람이 생각하는 것보다 0자 하나를 더 붙여서 주는 것으로 유명했다.

예를 들면 받는 사람이 100만 원쯤을 생각하면 1000만 원, 1000만 원으로 짐작하면 1억 원 등으로 통 크게 줘서 상대를 감동시키는 것이다. 박 감독은 자신의 것뿐만 아니라 부인 것이라며 봉투 하나를 더 건네는 전 대통령의 배려에 감격하지 않을 수 없었다.

전 대통령은 또한 복싱도 매우 좋아했다. 육사 시절에 복싱으로 체력단련을 했고, 복싱 글러브를 목에 두르고 다니기도 했다. 그래서 복싱팬으로서 당시 군부대에서의 복싱대회를 장려하기도 했고, 재임시절에는 프로복싱 세계타이틀 매치를 꼬박꼬박 챙겨봤다. 재임 당시 한국 프로복싱은 유명우 선수가 WBA 주니어 플라이급, 장정구 선수가 WBC 라이트 플라이급에서 맹위를 떨치고 있었다. 유명우는 자신이 갖고 있는 세계타이틀을 17차까지 방어했고, 장정구는 15차까지 방어전을 치르며 전 대통령의 지극한 사랑을 받았다. 두 선수는 수시로 청와대로 불려 들어가 하사금을 받았다. 그러나 두 선수는 끝내 팬들의 요구를 외면했다.

두 선수 모두 한계 체중 48.8kg 이하의 선수였고, 양 대기구인 WBA와 WBC의 챔피언이었기 때문에 '세기의 라이벌 전'을 기대했지만 끝내 두 선수는 한꺼번에 링에 오르지 않았다. 유명우는 수비와 연타가 좋았고, 장정구는 펀치력이 좋고 변칙공격을 잘했다. 그래서 만약 붙었었다면 KO 승부는 장정구, 판정으로 가면 유명우가 이겼을 가능성이 높았다. 전 대통령도 사석에서 두 선수가 싸우는 것을 보고 싶다는 말을 자주 했었다.

"거- 참 둘이 맞붙으면 세기의 대결이 될 텐데......"

그러나 당시 나는 새도 떨어트린 다는 무소불위(無所不爲)의 전권을 휘두르던 전 대통령도 두 선수를 동시에 링 위로 올려 보내지는 못했다.

스포츠를 유난히 좋아했던 전 대통령은 골프도 매우 좋아했다. 그래서 퇴임 이후 골프로 구설수에 오르곤 했다. 재임 중 골프를 마음껏 즐기던 그는 퇴임 후 골프와 인연을 끊은 것처럼 위장했었다. 부정부패로 축적한 수천억 원의 재산을 환원하라는 법원의 판결을 받았지만, 예금채권 29만 1,000원이 전 재산이라고 발뺌한

터라 보는 눈을 의식할 수밖에 없었던 것이다. 그러나 2003년 4월 28일 부인 이순자 씨와 강남 300CC에서 라운드 한 것이 들통이나 곤욕을 치렀다. 마침 부인 이 씨가 아웃코스 3번 홀에서 홀인원을 했고 수백만 원에 달하는 기념식수를 한 것이 알려졌기 때문이었다.

엘리트 스포츠 기반을 다진 박정희

 한국은 1948년 런던올림픽에 처음 태극기를 앞세우고 올림픽에 출전한 이후 번번이 금메달 획득에 실패 했었다. 그래서 양정모 선수가 1976년 몬트리올올림픽에서 금메달을 땄을 때 국민들이 느꼈던 감격은 건국이후 최고였다.

 1948년 런던 올림픽에서 김성집, 한수안 선수가 역도와 복싱에서 동메달 2개를 땄고, 1952년 헬싱키 올림픽에서도 김성집, 강준호 선수가 역시 동메달 2개를 따는데 그치고 말았다. 1956년 멜버른올림픽에서는 송순천 선수가 아시아 선수 최초로 복싱에서 은메달을 따고, 김창희 선수는 역도에서 동메달을 획득해 역시 금메달 획득에 실패했다. 1960년 로마올림픽에서는 올림픽 출전사상 유일하게 노메달에 그쳤고, 이웃 나라에서 벌어진 1964년 도쿄 올림픽에서도 복싱의 정신조 레슬링의

장창선이 각각 은메달, 유도의 김의태가 동메달 1개를 따서 은메달 2개 동메달 1개를 따는데 그쳐 역시 금메달 사냥에 실패했다. 1968년 멕시코 올림픽에서는 복싱에서만 2개의 메달(지용주 : 은메달, 장규철 : 동메달)을 따는데 그쳤고, 1972년 뮌헨올림픽에서는 유도에서 오승립 선수가 은메달 1개를 따는데 만족해야 했다.

따라서 1976년 몬트리올 올림픽 자유형 레슬링 페더급에서 양정모 선수가 딴 금메달은 그야말로 7전8기(七顚八起)에 성공한 금메달이었기에 그 감격이란 이루 말할 수 없었다. 양정모 선수가 김포공항에서 서울시청까지 꽃눈을 맞으며 금메달 퍼레이드를 한 뒤 청와대에서 박정희 대통령이 벌인 환영행사에 참석했다.

박 대통령은 "양 선수 수고 했어요, 그런데 1980년 모스크바올림픽 때도 양 선수의 뒤를 이어서 금메달리스트가 계속해서 나와야 할 텐데, 어떻게 하면 좋겠소?"라고 물었다. 그 때 양 선수 일행 가운데 정동구 코치가 대답했다.

"네. 올림픽에서 좋은 성적을 올리는 나라에서는 운동선수를 전문적으로 키우는 체육학교가 있습니다. 우리나라도 소질 있는 선수를 어릴 때부터 키우는 게 좋을 것 같습니다."

그는 양 선수 일행의 말을 들은 뒤 즉시 체육전문학교 설립을 검토하라고 지시를 내렸다. 박 대통령이 양 선수와 정 코치 등을 접견한 것이 8월 초였는데, 그로부터 불과 4개월 만인 12월 14일 문교부(현 문화체육관광부)는 체육대학 설립계획을 마련하고 그 과정에서 2년제 전문대학이 아닌 4년제 정규대학을 설치하는 실행안을 작성해 대통령의 지시가 있은 지 불과 4개월 만에 국립체육대학(현 한국체육대학교)를 탄생 시켰다.

정부는 1976년 12월 30일 '한국체육대학 설치령'을 공포하였고, 곧바로 시행되어 1977년 3월 7일 국내 최초로 국립체육대학이 설립되었다. 정원은 120명이었고, 초대학장은 당시 한양대학교 체육대학장으로 재직중이었던 유근식 박사였다.

한국 채육대학은 3년 후인 1980년 부설기관으로 체육과학연구소를 설립해 스포츠 과학분야의 학문적 기반 확충을 도모하기 시작했다. 한국체육대학 출신의 올림픽 금메달 비중은 하계올림픽 30퍼센트 이상, 동메달 올림픽은 20퍼센트 이상이다. 2012 런던올림픽까지 한국이 획득한 동, 하계올림픽 금메달 가운데 약 25퍼센트인 25개 이상이 한국체육대학에 재학중이거나 졸업생이 따낸 것이다. 이 같이 박정희 대통령은 군인 출신답게 스포츠에 대한 관심이 많았다.

현재 대한민국 스포츠가 세계 10강안에 드는 것도 박정희 대통령이 1962년부터 1979년까지 18년 동안의 재임기간 동안 기반을 다져놨기 때문에 가능했다고 볼 수 있다.

앞서 언급을 한 것처럼 스포츠의 산실인 한국 체육대학을 만들도록 했고, 국가대표의 훈련요람인 태릉선수촌은 박 대통령과 대한체육회장이었던 민관식 씨의 합작품이었다. 민관식 회장은 1965년 어느 날 꿈에 "국가대표 선수들을 훈련시킬 선수촌을 지으려면 태릉으로 가보라."는 계시를 받고 박대통령을 찾아가서 허락을 받았다. 만약 "민 회장! 거 개 꿈같은 소리 하지 말아요."라고 무시했다면 지금의 태릉선수촌은 다른 곳에 세워졌을 것이다. 태릉선수촌은 박 대통령의 지시로 1965년 11월에 착공식을 갖고 공사를 시작했다. 지금은 태릉선수촌이 모자라서 태백과 진천에도 제2, 제3의 선수촌이 만들어졌다. 당시 한국 체육 여건은 매우 열악했다.

대한체육회 1년 예산이래야 문교부 보조금 1억 원이 전부였다. 지금처럼 각 경기단체의 국가보조도 없었고, 경기단체장의 능력에 따라 각 종목 협회 연간 예산 액수가 달랐다.

당시 권력의 실세들이 각 종목협회장을 맡았는데, 사격의 박종규, 스케이트 김재규, 축구 장덕진, 배구 이낙선, 농구 이병희, 복싱 김택수 등이었다.

특히 박종규 씨는 1974년, 처음으로 국제대회(세계 사격선수권대회)를 유치해서 1978년 세계 사격선수권대회를 성공적으로 개최, 국제무대에 대한 자신감을 갖는 계기를 마련하기도 했다.

체육연금이라 불리는 '경기력 향상연구연금'은 박정희 대통령이 이끄는 '제3공화국'의 국민의 체력 향상을 시켜야 한다는 마인드에서 출발했다고 볼 수 있다.

박 대통령은 국민들의 체력을 전체적으로 향상시키기 위해서 '체력은 국력'이라는 구호를 만들었고, 국민체육진흥법을 제정해서 직장체육, 학교체육, 엘리트 체육 등 분야별로 정책을 세워 시스템을 구축했다.

박 대통령은 1973년 '병역의무의 특별규제에 관한 법률'을 제정하도록 했고, 대한체육회는 이듬해 국제 대회

입상 가능자의 병역 면제를 본격적으로 추진했다.

또한 1974년부터 올림픽, 세계선수권대회, 아시안게임 메달리스트에 대한 '종신연금' 계획을 확정하여 이듬해부터 본격적으로 시행했다. 이후 '종신연금'은 '체육연금, 경기력향상연구연금'으로 명칭만 바뀌어 지금까지 시행되어 오고 있다.

경기력향상연구연금은 올림픽과 아시안게임 메달리스트들에게 평생 동안 지급된다. 올림픽 금메달은 100만원, 은메달 75만 원 동메달 52만5천 원이 매달 지급되고, 메달을 여러 개 따서 매달 수령액이 100만 원이 넘으면, 넘는 점수를 돈으로 환산해서 일시불로 준다.

아시안게임 메달리스트는 올림픽보다 점수배당이 낮아서 금메달 2개를 따야 최소연봉을 받을 수 있는 20점에 해당이 되고, 은메달과 동메달은 각각 2점과 1점밖에 안 된다.

박 대통령의 결단으로 프로복싱 세계챔피언이 최초로 탄생하기도 했다. 우리나라 프로복싱은 1965년 12월, 서강일 선수가 필리핀의 엘로르데 선수에게 WBA주니어 라이트급 타이틀에 도전했지만 잘 싸우고도 판정패를 당해 세계챔피언을 배출하지 못하고 있었다.

1966년 6월 25일 김기수는 당시 WBA주니어 미들급 세계챔피언이었던 이탈리아의 니노 벤베뉴티에 도전하기 위해 당시로는 거액인 5만5천 달러가 필요했다. 타이틀 매치를 벌일 장소가 한국(장충체육관)이었기 때문에 세계챔피언 벤베뉴티 선수에게 지불할 파이트 머니가 필요했었다. 그러나 당시 우리나라는 1달러가 아쉬운 형편이었고, 외화를 쓰기 위해서는 정부의 허가가 있어야 했다. 그런데 프로복싱을 좋아하던 박 대통령이 5만5천 달러에 대한 지불보증을 해 주도록 지시를 해서 세계타이틀 매치가 성사되었다. 김기수와 벤베뉴티는 구원(舊怨)의 관계였다. 1960년 로마 올림픽 웰터급 2회전에서 만나 김기수가 벤베뉴티에 판정패를 당했었다.

　당시 한국은 외화를 절약하기 위해서 올림픽에는 입상이 가능한 경량급 선수만 파견했는데, 웰터급의 김기수 선수를 파견한 것을 보면 메달 입상 가능성을 높게 보았다고 할 수 있다. 김기수는 아시아권에서는 당할 선수가 없을 정도로 스피드가 있고 기술이 뛰어 났다. 벤베뉴티와 만나기 전까지 60전 이상을 싸우면서 한 번도 패하지 않았다. 그러나 양손을 모두 쓰고, 스피드가 뛰어나고, 상대의 공격을 허리를 약간 뒤로 제쳐 피했다가 곧바로 원투 스트레이트로 반격해 오는 벤베뉴티에 김기수가 3라운드 내내 끌려 다니다가 판정패를 당했었다. 김기수는 벤베뉴티와 6년 만에 다시 만나 로마 올림픽 때와는 달리 때리고 껴안는 작전으로 점수에서 앞서 나갔다. 15라운드가 끝날 때까지 두 선수는 사력을 다해 싸웠다. 경기 내용은 박빙이었다. 그러나 심판은 김기수 선수의 손을 들어줬다. 김 선수가 한국 프로복싱 사상 처음으로 세계챔피언에 오르자 링 사이드에서 경기를 지켜보던 박 대통령도 박수를 치며 환하게 웃음을 지었다. 그는 이후 1974년 홍수환 선수가 남아프리카 더반에서 WBA 밴텀급 챔피언 아놀드 파머를 꺾고 세계챔피언에 올랐을 때도 청와대로 직접 불러서 요즘 아파트 두 채 값에 해당되는 격려금을 주기도 했다. 박 대통령이 언제나 스포츠에 우호적이지만은 않았다.

한국은 우여곡절 끝에 1970년 아시안게임 개최권을 따냈다. 그동안 아시안게임은 인도, 필리핀, 일본, 인도네시아, 태국 등에서 열렸는데, 개발도상 국가였던 한국에서 처음으로 아시안게임이 열리게 된 것이다. 그러나 박 대통령이 북한의 군사도발 위협이 존재하고, 국가

경제개발이 시급하기 때문에 과도한 개최비용을 감당하기 어렵다고 판단, 벌금을 물고 개최권을 반납했다. 결국 1970년 아시안게임은 1966년 아시안게임을 개최했었던 태국이 4년만에 또다시 개최를 했다.

그는 골프를 즐겼다. 핸디 16정도의 실력이었고, 골프 파트너는 김학렬 경제기획원 부총리, 박종규 경호실장 등이었다. 박 대통령은 어떤 스포츠라도 즉시 어울려 즐기는 스타일이었다.

시찰을 나갔다가 배드민턴을 치는 사람들이 있으면 직접 라켓을 잡고 배드민턴을 쳤다. 휴양지에서 육영수 여사와 장녀 박근혜 등의 가족과 배드민턴을 치는 모습이 자주 보도가 되었다.

진해 대통령 별장에 휴가 가서는 백사장에서 배구하는 경호원들과 수영복 차림으로 어울려 배구를 하기도 했다. 또 청와대 후정에서 육영수 여사와 함께 운동 삼아 우리 활(국궁)을 쏘는 연습도 가끔 했다. 또한 승마를 한 기록도 있지만 규칙적으로 한 것은 아니고 그저 탈 줄 아는 정도의 수준이었다.

영국 유학시절 테니스를 즐겼던 윤보선

윤보선 대통령은 제2공화국의 4대 대통령으로 임시대통령 최규하 대통령을 제외하고는 역대 대통령 가운데 가장 짧은 재임기간을 갖고 있다. 1960년 8월 13일부터 1962년 3월 23일까지 약 1년7개월간이었다. 윤대통령은 4대 대통령직에서 물러난 후 현직에 있었던 박정희 대통령과 두 차례 맞붙었다.

1963년 5대 대통령직을 놓고 벌인 첫 번째 대결에서는 15만여 표 차의 판정패였지만, 1967년 두 번째 맞붙었을 때는 100만 표 이상의 큰 표 차이로 졌다.

윤 대통령은 워낙 재임기간이 워낙 짧아서 스포츠 정책을 펼 겨를이 없었다. 다만 영국에서 유학을 할 때 에든버러 대학에 다녔는데, 그 대학에서 테니스를 즐겨쳤다. 테니스는 파워, 스피드 그리고 기술을 3대 요소로 한다. 자기 땅을 지키려는 방어본능에서 시작해서 '최선의 방어는 공격'이라는 차원에서 승화되는 고도의 기술을 필요로 하는 스포츠다.

대개의 스포츠가 매우 격렬한 신체적인 접촉을 통해 감정을 교류하게 마련인데, 테니스는 불가침의 선을 그어놓고 공이라는 간접적인 무기로 스트로크, 슬라이스, 백핸드 등의 갖가지 기술의 조화를 부리는 공간의 세계에서 승부를 겨루는 신사 스포츠다. 그의 테니스 실력은 수준급이었다. 다른 학생들과 마찬가지로 단식 보다는 주로 복식을 쳤는데, 수준급의 서브와 스매싱 그리고 네트 플레이를 잘 했다. 백 스매싱도 한 손으로 칠 정도로 파워가 있었다.

그는 세계 테니스대회 가운데 가장 권위가 있는 대회인 영국오픈 즉 윔블던 대회가 벌어지면, 만사를 제쳐놓고 직접경기장을 찾았다. 윔블던 대회 입장권을 사기 위해 아르바이트를 하기도 했다. 윤 대통령은 어려운 유학시절을 무리 없이 잘 마칠 수 있었던 것도 주말마다 테니스를 즐기면서 스트레스를 풀 수 있었기 때문이었다.

야구는 '뭉치면 살고 흩어지면 죽는 스포츠에요' - 이승만

국가 기록원이 2012년 8월 23일 이승만 대통령이 관중석에서 야구장에 있는 포수를 향해 시구하는 사진을 공개 했다. 8월 23일은 2008 베이징올림픽 야구 결승전에서 한국이 쿠바를 물리치고 금메달을 딴 날이다. 그래서 대한야구협회는 해마다 8월 23일을 야구의 날로 정하고 야구 관련 기념사업을 벌이고 있다.

1958년 10월 21일 미국 메이저리그 세인트루이스 카디널스팀이 내한해 지난 2007년 철거된 동대문야구장에서 한국 대표팀인 전 서울 군과 친선경기를 가졌었다. 당시 지방에는 야구팀이 없었기 때문에 서울대표팀이 바로 한국을 대표하는 팀이었다.

야구의 본고장인 미국 프로야구단이 온다는 소식에 동대문야구장에는 3만 명의 관중이 운집했다. 당시 동대문야구장에 모인 3만여 관중 가운데 야구 룰을 아는 사람이 거의 없었고, 그저 미국에서 야구팀이 온다는 소식에 호기심으로 야구장을 찾은 사람들이 대부분이었다.

그가 관중석에서 운동장의 포수에게 시구를 한 것은 대한민국 대통령의 첫 시구로 기록됐다. 경기에서 한국 야구팀은 세인트루이스 팀에게 0대 3으로 졌다.

이승만 대통령은 미국 유학시절 가끔 메이저리그 경기를 관전 했었다. 특정팀을 응원한 것은 아니지만 주말에 시간이 나면 야구장을 찾아서 머리를 식히곤 했었다.

이 대통령의 야구실력은 캐치볼을 할 수 있을 정도였고, 타율·방어율·출루율쯤은 계산을 할 수 있을 정도로 이론에도 밝았다고 한다.

그는 비서들에게 "야구는 뭉치면 살고 흩어지면 죽는 대표적인 스포츠에요. 개인적인 스포츠 같지만 나만 살려고 해서는 안돼요. 팀을 위한 플레이를 해야 팀 전체가 사는 스포츠에요."라고 말하곤 했었다.

이승만 대통령이 마운드가 아닌 관중석에서 시구를 한 것은 메이저리그 초창기 때 전통을 이어 받은 것이다.

미국 대통령은 예외 없이 메이저리그 시구자로 나서

는데, 초창기 때는 관중석에서 시구를 했었다.

1910년 4월 15일 워싱턴 세네터스와 필라델피아 어슬레틱스의 경기 직전, 당시 미국의 윌리엄 태프트 대통령이 스탠드에서 워싱턴의 선발투수 월터 존슨에게 공을 던지면서 대통령 시구의 전통이 만들어진 것이다. 또한 이승만 대통령은 우리나라 첫 번째 정규 골프장을 탄생시킨 장본인이다. 그는 주한미군들이 골프를 치기 위해 일본으로 가는 수고를 덜어주기 위해 현재 어린이대공원 자리에 골프장(군자리)을 만들었다. 스포츠로서 골프를 양성한 것이 아니라 미국과의 관계를 원활하게 하기 위해 골프장을 만든 것이다.

이승만 대통령은 무예에도 관심이 있었다.

경무대에서 당수도 시범을 보고는 "택견이구만..."이라고 말했는데, 당수도와 택견은 별 차이가 없었기 때문에 구분을 하지 못했을 뿐 택견에 대한 상식은 어느 정도 갖고 있었다.

일부에서는 이 대통령이 우리 고유의 전통썰매를 활성화 시켜보자고 했기 때문에 동계스포츠의 선구자라고 말하는 사람도 있지만, 그것은 지나친 비약이다.

그는 1950년대 말 동대문운동장 테니스코트에서 대회

가 있으면 자주 나와 테니스 선수들을 격려했었다. 이 대통령은 경기를 관람한 뒤 당시에는 매우 귀한, 테니스 라켓을 선수들에게 전달했다. 지금도 이 대통령이 하사한 테니스라켓을 큰 명예로 여기는 테니스 원로들이 많이 있다.

이승만 대통령은 1948년 대한민국 초대 대통령으로 1960년까지 12년 동안 초대, 2대, 3대 대통령을 역임했었다. 1875년 3월 26일 조선 황해도에서 태어났고, 1965년 7월 19일 망명지인 하와이 요양원에서 90세를 일기로 사망했다.

■ **저자 기영노**

스포츠 평론가
한국 핸드볼발전재단 이사
방송작가

〈저서〉
『재미있는 스포츠 이야기』
『올림픽의 어제와 오늘』
『농담하는 프로야구』 등.

대통령과 스포츠
▶
초판인쇄 | 2013년 6월 11일
초판발행 | 2013년 6월 19일
지 은 이 | 기 영 노
펴 낸 이 | 권 호 순
펴 낸 곳 | 시간의물레
등   록 | 2002년 12월 9일
등록번호 | 제1-3148호
주   소 | 서울특별시 마포구 마포대로 4다길 3
전   화 | (02)3273-3867
팩   스 | (02)3273-3868
전자우편 | timeofr@naver.com

▶ ISBN 978-89-6511-065-1 (03690)
▶ 정가 12,000원

* 이 책의 판권은 지은이와 시간의물레에 있습니다.
* 잘못 만들어진 책은 교환해드립니다.